税理士事務所の業種特化戦略のすべて

大家さん専門税理士
渡邊浩滋◉著

ロギカ書房

はじめに

税理士業界が厳しい状況になってきたと言われて、早十数年。

ＡＩによって需要がなくなる職業ランキングのトップ10に入る業界。

そのような厳しい状況のなか、私の税理士事務所は、開業して８年目で顧問先数４５０超、従業員数約22名（パート、アルバイト含む）、業績は毎年右肩上がりで推移しています。

そして２０１８年、ついに、このままではお客様の対応をしきれなくなってしまうと考え、新規の顧問先をストップするまでになりました。

そんなに景気がいい理由は一体何か？　理由はただ1つ。「大家さん専門税理士」を掲げているからです。

つまり、業種を絞って、大家さん（賃貸経営者）をターゲットに特化している税理士事務所なのです。

「業種を絞るだけで、売上が上がるのか？」

半信半疑なのも無理はないと思います。そもそも、業種を特化している税理士事務所なんてほとんどありません。

税理士事務所は、地域に根付いて商売するというイメージが強いでしょう。開業している税理士さんのほとんどは、近所の個人商店や中小企業を顧客にしています。お客様も近くの税理士事務所に頼むのが、一般的な考えになっています。そして、どんな業種のお客様の税務にも対応してくれるのが、街の税理士さんのスタンダードとされてきました。

「売上が厳しくなった。他事務所との差別化が必要だ」と、税理士事務所の先生は口々におっしゃいます。

しかし、これまでのように、どんな業種の税務にも対応するという姿勢を貫いていたら、差別化なんてできるのでしょうか？

私はできないと思っています。

私は、独立当初から「大家さん専門税理士」を掲げていました。勝算があったわけではありません。税理士としての経験が浅い私でも勝てると判断した分野が、大家さんの税務だったというだけです。それだけなのです。

税理士は将来、消える職業と言われています。私は、やり方次第では、まだまだ需要があると思っています。

やり方は様々でしょう。

「税理士は、顧客から何が求められているのだろう？」

その基本に立ち返れば、解決の糸口が見つかるはずです。

その答えの1つが、「業種に特化すること」だと、私は考えています。

本書では、なぜ業種特化すべきかを考察し、私の経験も交えて、税理士事務所のこれからの道を考えてみたいと思います。

２０１９年４月吉日

大家さん専門税理士
渡邊 浩滋

目 次

第2章 差別化が必要である

第3章 業種特化という差別化

第4章 選ばれる税理士、選ばれない税理士

第5章 業種特化に向けた実践① 業種を絞り込む

第6章 業種特化に向けた実践② 集客する

第7章 業種特化に向けた実践③ 業務を定型化する

第11章 業種特化の先にあるもの　フランチャイズ展開

エピローグ 私の挑戦、大家さん専門税理士ネットワーク〝Knees〟が描く未来像

プロローグ
大家さん専門税理士事務所の誕生

司法書士を目指す

私は、もともと、賃貸経営をやりたかったわけではなく、税理士になりたかったわけでもありません。

実家は東京の江戸川区で賃貸経営をやっており、その収入で生活していました。

私には兄がいます。

長男が賃貸経営を引き継ぐのだろうと、幼い頃からそう思っていました。

「自分の生きていく道は自分で切り開いていかなければならない」

そんな思いを漠然と抱いていました。

中学校から大学の附属校に行き、学校の成績さえ取れれば受験することなく高校や大学に入れるという、ある意味競争から離れた人生を歩んでいました。

大学に入るときに、このまま何も考えずに大学生活を送っていいのだろうかと不安になっていたときです。法学部への推薦が決まり、せっかく法律を学ぶのだから、資格を取りたいと思い、本屋さんで資格のガイドブックを買ってきました。法律系の資格と言えば、司法試験ですが、学生時代の私は突出して成績が良いとも言えなかったので、「司法試験なんて私の身の丈に合っていない」と自分で思い込んでいて、最初から選択肢から外しました。

そんな中、目に飛び込んできたのは司法書士でした。「街の法律家」という言葉に魅力を感じたのです。

「敷居が高い弁護士より、街の法律家として、困っている人を救いたい」。それが自分に合っているのではないかと思うようになり、大学に入ってから法律の専門学校にダブルスクールで通いました。

運よく、大学4年生のときに司法書士試験に合格。

そのまま司法書士としての人生を歩もうかと思ったのですが、大学生のうちに資格が取れたこともあり、また、周りの友人たちが就職活動で社会に飛び込んで行こうとする姿を見て、私も一般就職して社会を見てみたいと思ったのです。

就職活動もロクにしていなかった私がギリギリ入社できたのは、上場企業の総合商社。奇跡に近い内定でした。配属先は、法務部。契約管理・担保管理・債権回収などをメインに業務を行っていました。法律の勉強とは違う、実務の難しさや厳しさをそこで学びました。

ある程度の仕事を覚え、ようやく仕事が面白くなってきた頃に、心の中でもやもやしたものが芽生えてきました。

それは、（企業が）何かをするときには、必ず税金が絡んでくるという事実です。社内で法律のアドバイスをしていても、「この場合の税金ってどうなるの？」と聞かれることが多かったのです。

税金の知識なんて全くなかった私は、素直に「分かりません」と答え、別の部署で聞いてもらうようにしていました。

「法律のことは分かっても、税金のことが分からないと何もできない」、そう強く感じるようになりました。

ちょうどその頃は、ロースクールができて、法曹人口を増やしていく方針が打ち出されたときです。司法書士の同期たちが、こぞってロースクールに通おうとしているのを見て、自分も弁護士の道に進むべきかと悩んでいました。

しかし、弁護士になったとしても、税金のことが分からなければ、今と一緒。それよりも、法律と税金のことが分かれば、広く困っている人たちを助けられるのではないかと、一念発起して会社を辞め、税理士を目指すことにしたのです。

実家の賃貸経営を引き継ぐ

実家で税理士の勉強をしていたときです。

「固定資産税が払えない」、突然、母親が騒ぎ出したのです。

どういうことだろうと聞いてみると、「固定資産税を滞納しているために差押えの通知が来た。固定資産税を払うためにはアパートを売却しなければならない」と言うのです。

私の実家は地主で、昭和の終わり頃に祖父の相続対策でアパートを建築し、その収入で生計を立てていました。私には兄がおり、次男ということもあって、アパート経営には全く興味がありませんでした。当然、兄が経営を引き継ぐのだろう、一生安泰でいいな、くらいに思っていました。

ところが、アパート経営していて、お金がない……

私の頭では、とても理解できませんでした。

実際に預金通帳を見ると、衝撃的な事実を目の当たりにしました。

預金残高０円……

「これはマズい！」

興味本位もあり、我が家の賃貸経営を分析してみました。

すると、お金がない理由が分かってきました。私の実家の賃貸経営は、かなり杜撰でした。
・空室があっても、何もしない。管理会社任せ。
・いつ経費の支払い、税金の支払いがあるか分かっていないため、貯蓄しておかなければならない金額がいくらかわからず、遣ってしまう。
・お金がなくても、自分たちの生活レベルは落とそうとしない。

私は前職の仕事柄、倒産した会社を見てきました。それと、実家の賃貸経営を比べても「これは事業ではないな」と思えるほど、いい加減なものでした。

私は、1つひとつ改善していきました。物件のチラシを作成して不動産屋さんへ営業回りをし、銀行と交渉して融資を受け、過去20年以上ほったらかしだった建物の修繕をしたり、支出を減らすために親の生活費まで削りました。

半年後には、何とかお金が残っていくようになりました。ここで手を緩めたら元の木阿弥と思い、私が全面的に経営をしていく覚悟を固めました。

引き継いだ当初は、なんで私が莫大な借金とともに、築20年を超えた物件を背負わなければいけないのかという、大きな重圧に押しつぶされそうでした。

でも、私が何不自由なく生きてこられたのも、ご先祖様が不動産を残してくれたお陰であり、その恩返しをしたいという気持ちと、我が家と同じように苦労している大家さんを救ってあげたいという気持ちが、少しずつ芽生えていきました。

というのも、私の実家にも、アパート経営を始めた当初から顧問税理士がいました。ところが、資金繰りに窮するまで、もっと言うなら差押えされても、何のアドバイスもなかったのです。

何のために税理士にお願いしているのか！

憤りの気持ちとともに、「私なら困っている大家さんに、もっといいアドバイスができるかもしれない。私が大家さん専門の税理士になれば、大家さんを救うことができる。やるしかない」と決意しました。

大家さん専門税理士として開業

大家さん専門税理士としての道を定めた私は、税理士試験に合格した後は、不動産・相続に特化した税理士法人に入社しました。税理士としての経験を積むには長い年月が必要なことは分かっていました。しかし、早く自分の裁量で実務を経験したほうが良いのではないかと思い、3年くらい勤めて独立しました。

私は最初から「大家さん専門税理士」という看板を掲げるつもりでした。

そう決意したものの、当時は、専門特化した税理士はほとんどいませんしたから、大家さんという業種に絞ってしまって本当にいいのか？　不安もありました。幸運なことに、勤務税理士の頃から大家さん向けにブログで情報発信したり、「大家さんの会」を主催したりしていたことから、大家さん仲間が多かったことが幸いしました。家族を養うくらいなら何とかなるさ、と開き直ることができました。

とは言っても、こんなニッチな税理士なんて、顧客が増えるわけがないという不安もあったので、開業しても1人でやっていくつもりでした。

12月に開業して、すぐに確定申告を迎えました。ありがたいことに、勤務時代に担当していた大家さんが開業後にもついてきてくれたので、一定の売上は見込めました。さらに、知り合いの大家さんからも確定申告の依頼が舞い込んできました。

仕事が入ってくることはありがたいことなのですが、1人でやることの苦しさもそのときに味わいました。細かい雑務までやっていたら、業務をこなしきれない。

自宅開業でスタートしたのですが、半年足らずで、事務所を構えてスタッフを雇わなければならないところまで追いつめられていました。

スタッフを雇ったら雇ったで、毎月の給与を払うだけの売上をつくらなければなりません。

私には、その頃からセミナーの依頼がありました。税理士でありながら、現役の大家さんでもあるという肩書のためか、セミナー講師として大家さん向けに話をしてくれないかというオファーが毎月ありました。

セミナーをすると、話を聞いてくれた大家さんが、詳しく相談したいと問い合わせをしてきてくれました。同じ大家さんということで、相談しやすかったのかもしれません。相談を受された方に、できる限り改善点を指摘して、改善策を提案するようにしました。すると、相談される方の半数くらいから顧問をお願いされるようになり、顧問先がどんどん増えるようになったのです。

私1人でお客様対応するのは限界、というところまで達しようとしていました。

未経験者の採用、マニュアル化、そして事務所拡大へ

開業して3~4年くらいは、スタッフ5名くらいでやっていました。お客様対応は私1人。スタッフには入力事務をメインでお願いしていました。これでは、顧問先が増えれば増えるほど私の負担が増え、いずれお客様対応が疎かになってしまうことは目に見えていました。

「お客様対応ができる担当者を採用しなければならない」と決意し、経験者を採用しようとしました。ところが、個人事務所で、かつ大家さんに業種特化した事務所になんて誰も応募してくれません。働く側からすると、業種を絞ってしまって事務所の経営は大丈夫なのかという不安や、特定の税務の勉強しかできないのではないかという不安が先行して、応募しにくい事務所に見られたようでした。

といっても、顧問先が増える一方で、人手不足を解消する以外にはありません。お金をかけて経験者を採用したこともありました。しかし、経験者だから大家さんの税務ができるかというと、そうではありません。やはり経験のない業種だと、一から教えないと業務を任せられないのです。

それなら未経験者を採用するのも変わらないではないか。そう思って、開き直って人づてに未経験者を募ったら、意外に反応がよく、一気に5名ほど採用することができました。次に、採用後はどう教育していくかです。幸いなことに、顧問先は大家さんしかいませんので、1つの業務を教えれば、すべてのお客様に対応ができます。そして、できる限り業務を定型化することに注力していきました。

資料請求の方法、仕訳の入力方法、申告書の入力方法、ファイリングの仕方……、業務を洗い出し、やり方を統一するようにしました。同時にマニュアルをつくり、社員研修をして徹底されるようにしました。

担当者ごとに業務のやり方が違う会計事務所がありますが、人に業務がついてしまっています。そうすると、担当者が辞めると引き継ぎができず、やり方が違うといってお客様からのクレームが出たりします。

担当者が違ってもやり方を変えないようにする。同じクオリティでお客様に対応する。つまり、業務に人をつけるようにする。これが理想の事務所形態だと考えています。

様々な業種を扱っていれば、定型化やマニュアル化は非常に難しいことは確かです。ただ、私の事務所は業種を大家さんに特化していたため、比較的容易にマニュアル化でき、未経験者でも担当を持ってお客様対応ができるまでになったのです。短期間に顧問先を増やし、売上を伸ばすことができたのも、大家さんに特化していたからだと確信しています。

業種特化、業務の定型化、マニュアル化、未経験者の積極的採用など、税理士事務所の常識からすると、私がやってきたことは、かなり異端でしょう。しかし、私から言わせると、他の業界がやっている当たり前のことを税理士事務所でやっただけであり、お客様サービスとしては、こちらのほうがスタンダードなのです。

私は、最初から税理士を目指して業界に入ったわけではありませんでした。しかし、他業界を見てきたからこそ気づけた問題点もありました。固定観念さえ捨てれば、税理士業界の未来はまだまだ明るいと本気で思っています。

私の拙い経験を知っていただいた上で、本書を読んでいただくと、より理解が深まるのではないかと思い、プロローグとさせていただきました。

第1章
税理士業界の現在

【税理士不要時代】

(1)「消える職業」「なくなる仕事」

イギリスの名門オックスフォード大学の准教授が発表した論文の衝撃的な内容が話題となりました。

そこでは、今後10~20年程度で米国の総雇用者の約47%の仕事がコンピュータ技術によって自動化されると予測されています。自動化される可能性が高い仕事の中に、「税務申告代行者」「簿記・会計・監査の事務員」が含まれており、その確率は90%以上という驚くべき数字です。

実際に、日本でもクラウド会計による記帳業務の自動化が進んでいます。ネットバンキングやクレジットカードの情報をクラウド会計に連携することで、自働的に仕訳してくれるという機能があります。入力作業の手間がITによって一切いらないのです。政府もキャッシュレス化を進めようとしています。スマートフォンなどの端末から決済できる仕組みを国民に浸透させようとしています。これによって、日々の経費もデータ化できてしまうことになります。クラウド会計に連携させれば、これも簡単に仕訳できてしまうことでしょう。通帳も領収書の会計入力もいらないのです。

後は、決算書作成（決算整理）と申告書の作成だけです。これもＩＴによって、ある程度自動でできてしまう日が来るでしょう。ＡＩ（人工知能）技術の進展により、その精度が向上していくことは確実です。

「記帳代行」や「申告書作成」といった、これまで税理士の仕事とされてきた業務が、コンピュータに取って代わられるのはそう遠い日のことではありません。必然、これらの業務を主業務としてやっている税理士がいらなくなると言われてしまうわけです。

それでなくとも税理士業界は、コンピュータ技術以前に、既に人との激しい競争にさらされている現状を知っておくべきでしょう。

⑵ 業界の内からの競争激化

税理士業界の競争激化の要因としては、①供給過剰、②顧客数の減少、③客単価の下落が挙げられます。まず、税理士の登録者数は右肩上がりで増え続けています（供給過剰）。

税理士登録者数の推移

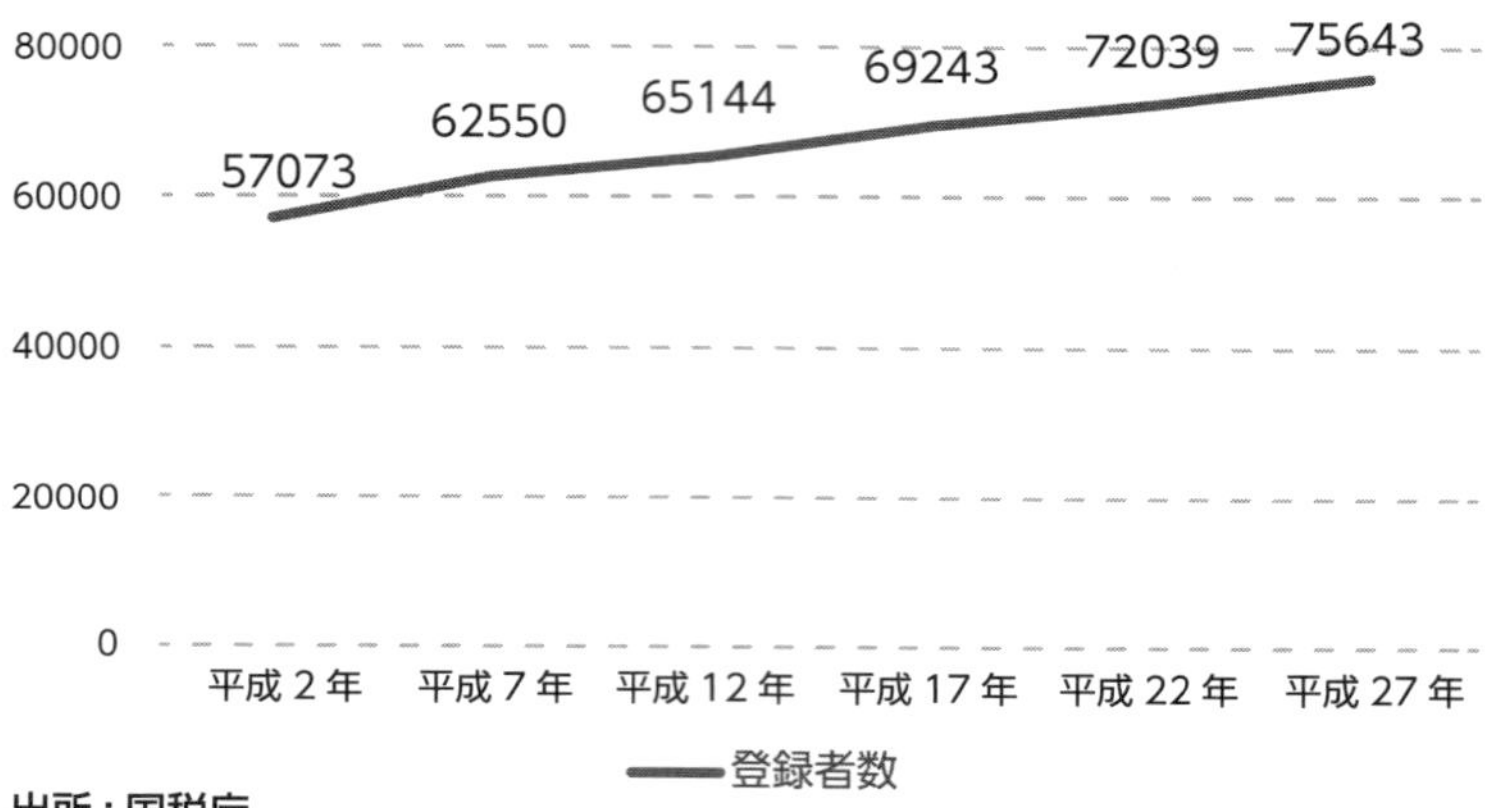

出所：国税庁

これに対して、会計事務所のメインターゲットである中小企業は、平成18〜26年で40万社減少しました。税理士１人当たりの中小企業数は、６年間で8・5社（約15％）減少した計算になります（顧客数の減少）。

また、顧問料の自由化により低価格競争が進みました（客単価の下落）。さらに、顧問料の価格帯に注目すると「３万円以下」と「５万円超」が、それぞれ10年前より増加しており二極化の状況が進んでいます。

その背景には、M&Aにより支店を拡大する大規模事務所や業務特化で差別化を図る若手ベンチャー事務所の存在があると考えられ、後で述べるように会計事務所の売上の二極化につながっています。

中小企業の企業数の推移

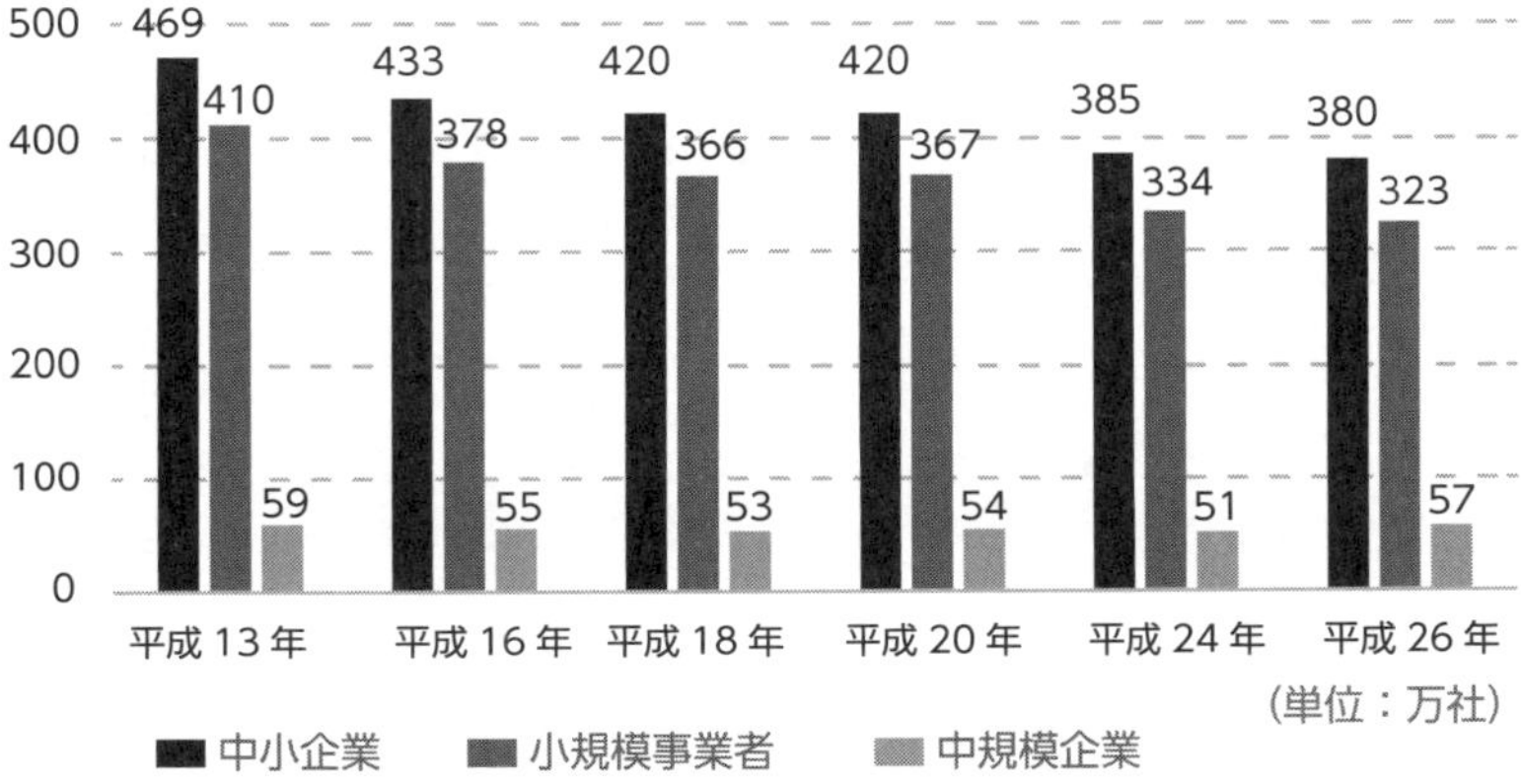

出所：総務省・経済産業省

顧問報酬（法人、月額）

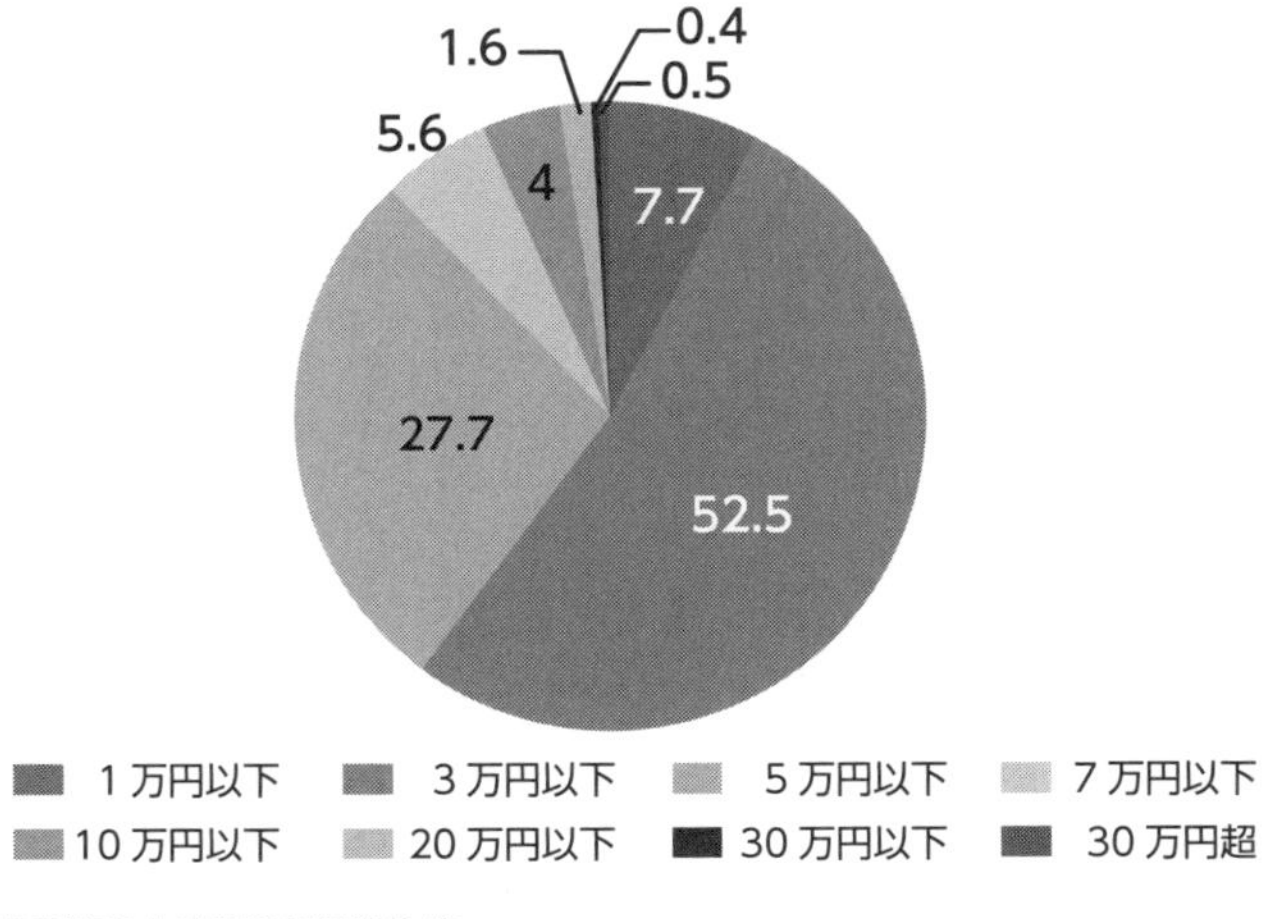

出所：第６回税理士実態調査報告書

（3）業界の外からの競争激化

税理士業界の競争は、税理士内部だけにとどまりません。他士業・他業種との競争にもさらされています。特に弁護士は、弁護士資格を取得すると同時に税理士登録も可能です。毎月顧客と接点を持ち、安定収入を得られる税理士業務は、変動収入が主の弁護士にとって魅力的に映ります。マーケティング力のある有名法律事務所の傘下にある会計事務所が、中小会計事務所をM&Aする例も増えていくと思われます。世間一般のイメージとしては、「弁護士さんのほうが優秀だから弁護士に相談したほうが安心だ」と考える人も多いと思われます。

また、公認会計士も同様です。公認会計士の税理士登録に要件が設けられましたが、容易に税理士登録が可能です。公認会計士の合格者の増加により税理士以上に資格者が余っている状況を考えると、税理士業界への参入は今後も続くと思われます。こちらも世間一般のイメージとしては、「公認会計士のほうが数字のプロだから、公認会計士の資格を持つ税理士に相談した方が安心だ」と考える人も多いと思われます。

競争相手は、資格者だけではありません。他業種から記帳代行や経理代行のマーケットへの参入が増えています。これらの業務は、税理士の独占業務ではないため参入しやすいのです。ＩＴやＡＩの発展により、スキルやノウハウについてのハードルが下がっているという背景も後ろ支えになっています。このような会社が増えることで、記帳代行業務の単価が下がる要因にもなっています。

【会計事務所の売上、法人数】

(1) 業界全体の売上は増加している

個々の税理士が競争にさらされる中、会計事務所業界の総売上は増加傾向にあります。総務省統計局「サービス産業動向調査」によると、どん底の不景気に喘いでいた平成22年から平成25年にかけて約3000億円もの売上増になっています。その背景には、大企業を中心に景気が回復したことと、相続税増税による資産税マーケットの拡大があると考えられます。

しかしその一方で、会計事務所業界の総従業員数は緩やかな減少傾向にあります。ここからは、業務効率の向上により従業員1人当たりの生産性が上がっていることが見て取れますが、既に不要な人材が顕在化しているとも言えるのではないでしょうか。

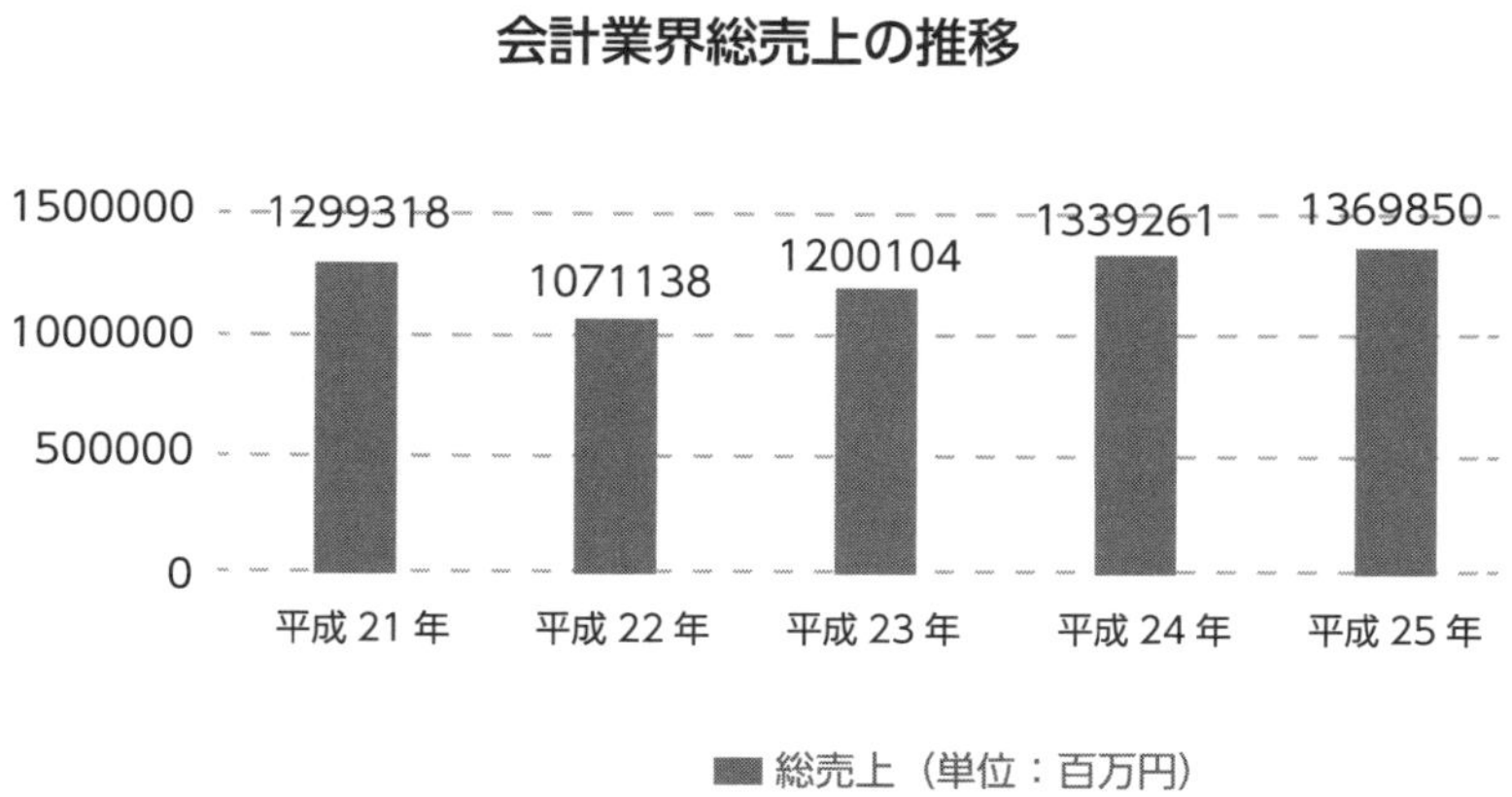

出所：総務省統計

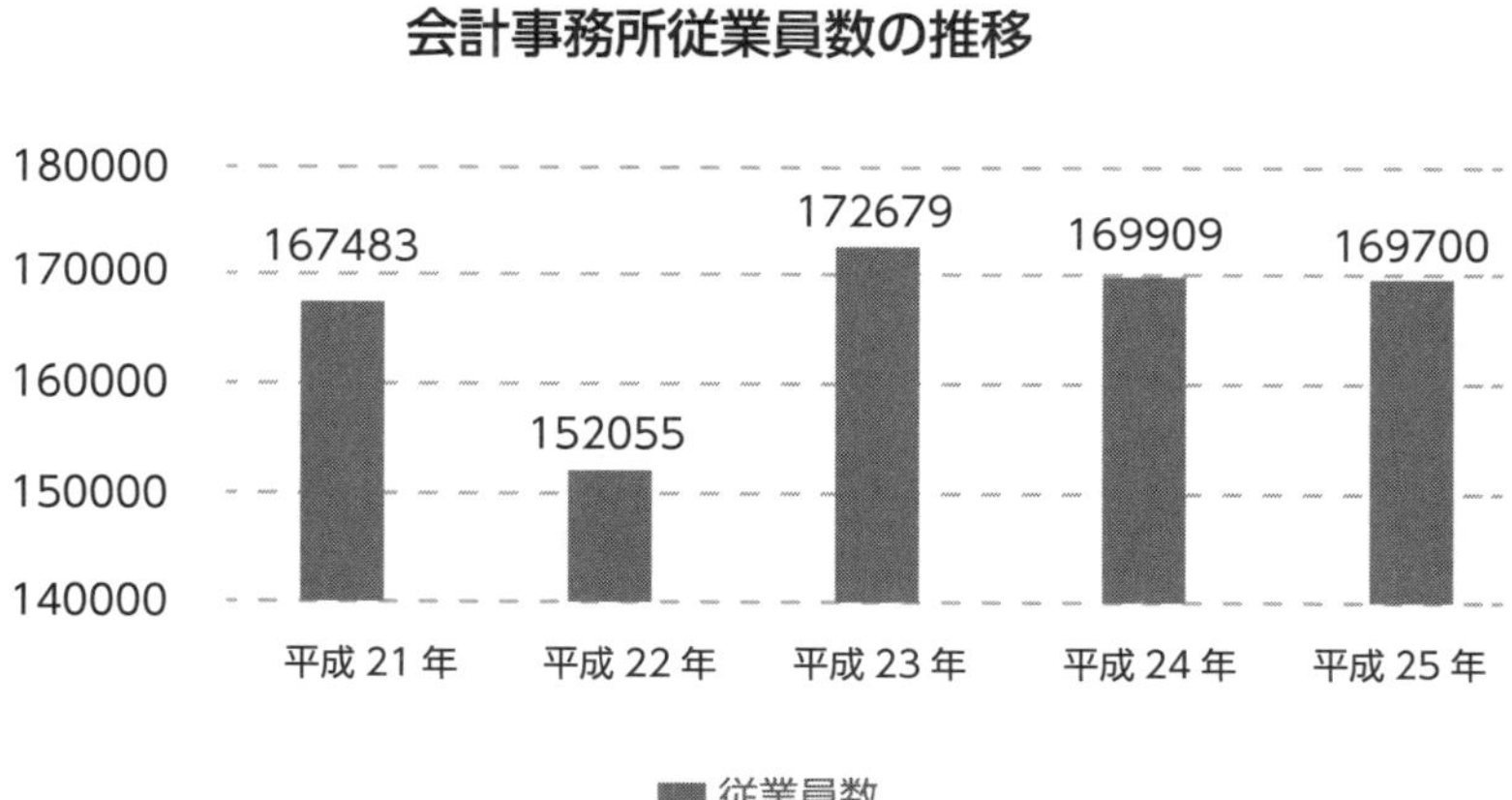

出所：総務省

（2）業界の成長に貢献しているのは税理士法人数の増加

生産性の向上に寄与しているのは、スケールメリットに勝る大規模税理士法人の存在です。税理士法人の数は毎年200件ペースで増加しています。

一方で、会計事務所の総数自体は減少傾向にあります。個人事務所は不利な戦いを強いられているようです。1事務所当たりの平均年間売上は約4000万円と試算されますが、これを個人事務所と税理士法人に切り分けると、両者には大きな隔たりがあることが分かります。個人事務所の平均年間売上が約3500万円なのに対し、税理士法人は約1億6000万円です。業界の成長をけん引しているのが税理士法人であることは明らかです。

また、事務所規模別で公認会計士・税理士の平均年収を比較すると、100人規模前後ではっきりとした差が表れます。実に300万円以上の年収の違いがあるのです。10人未満の事務所では、さらに厳しい状況に置かれていることが予想されます。このように、会計事務所の規模による売上の二極化も着々と進んでいます。

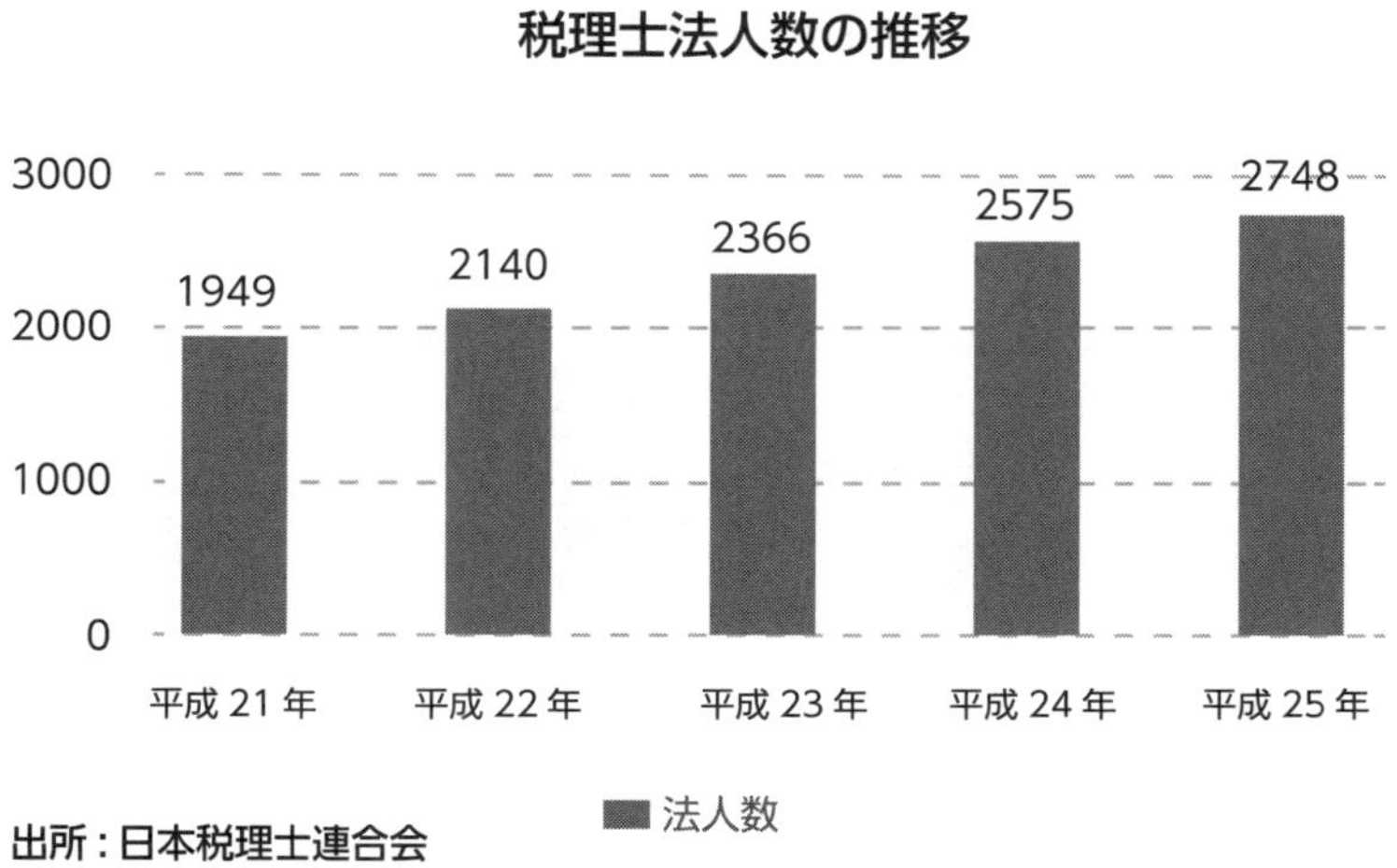

出所：日本税理士連合会

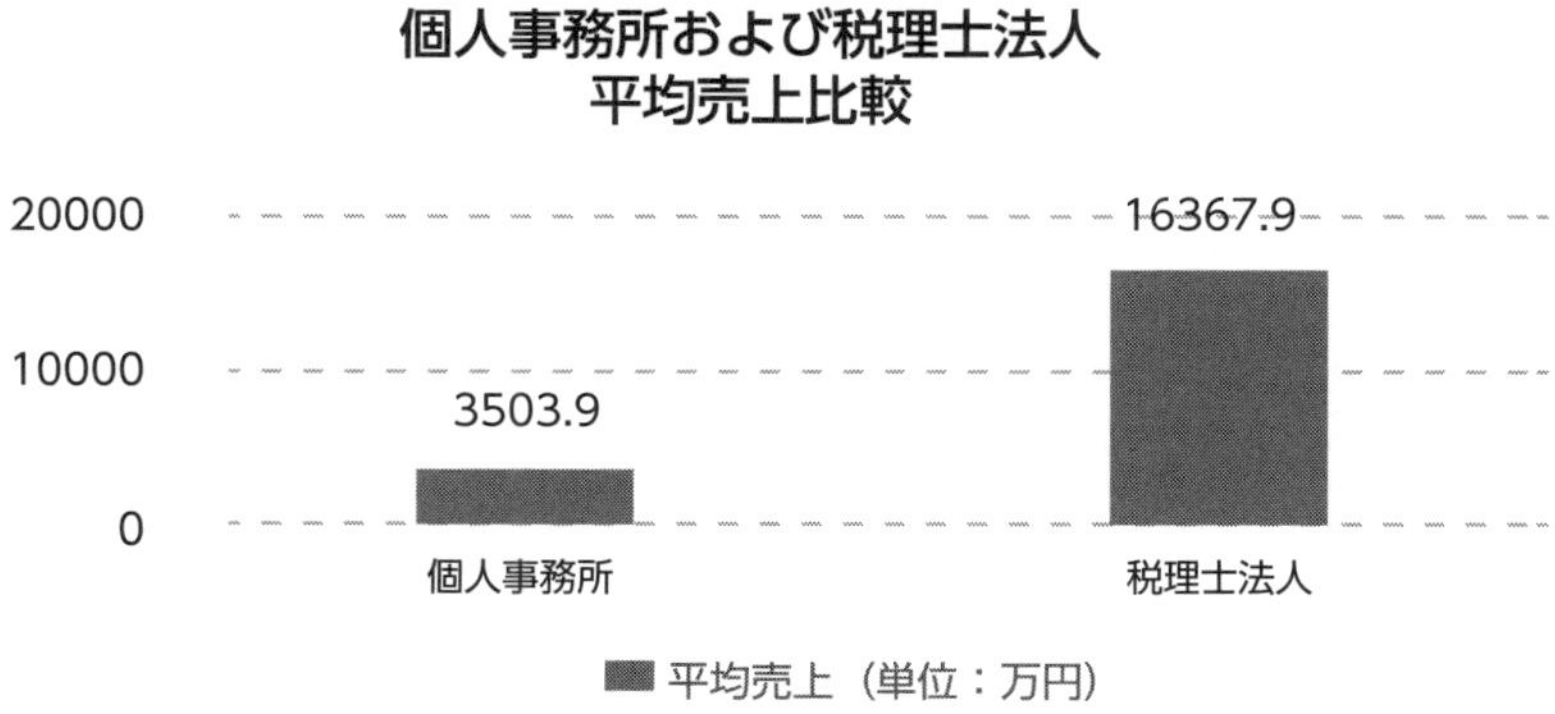

出所：アックスコンサルティング「会計事務所の経営白書」

事務所規模別公認会計士・税理士の
平均収入（単位：万円）

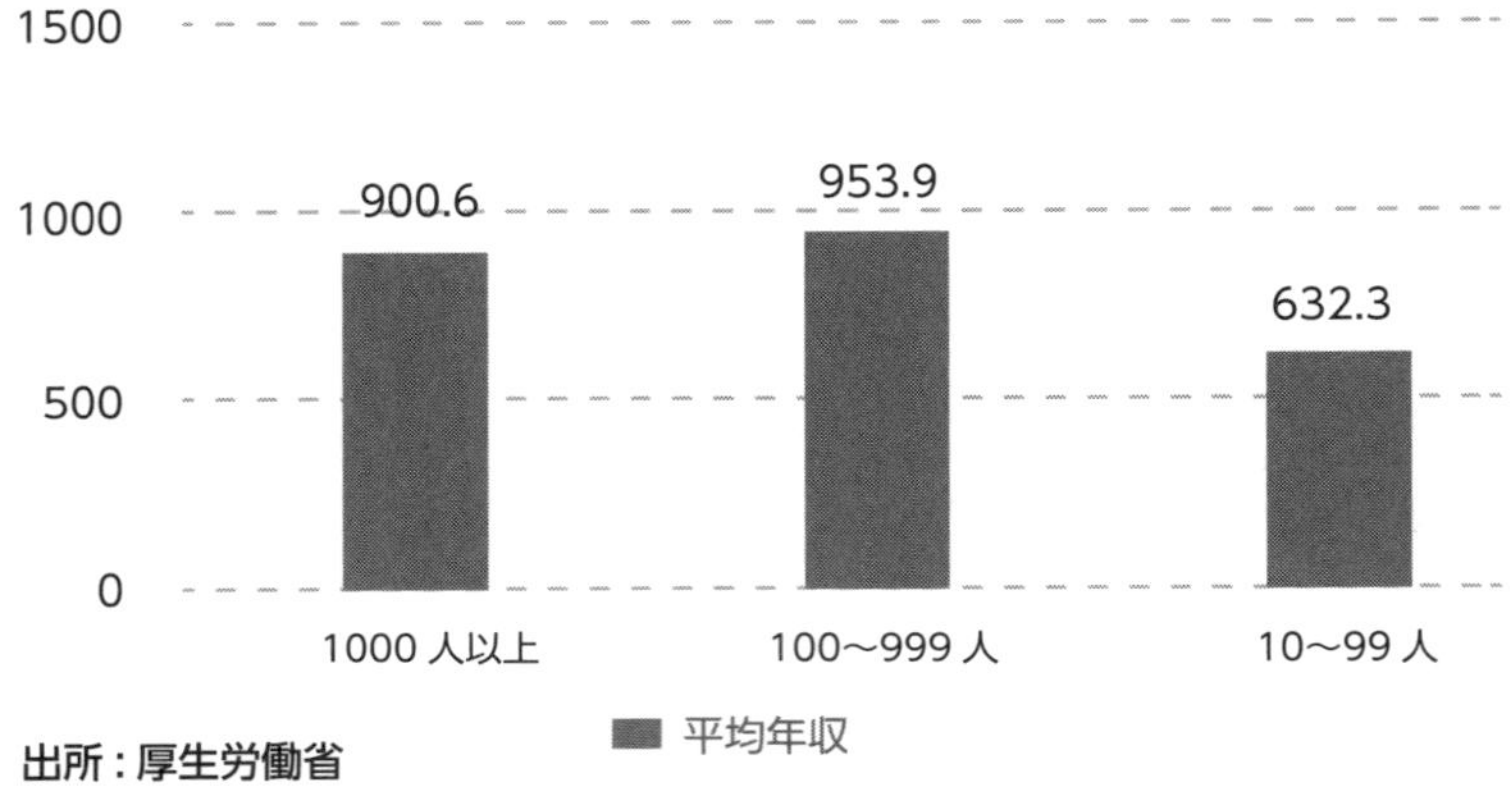

出所：厚生労働省

（3）会計事務所の統廃合が加速

　後で検討しますが、税理士業界は高齢化が進んでいます。現在の業界を支えている団塊の世代が引退する頃には、若手の後継者不足が顕在化しているでしょう。また、競争の激化と売上の二極化により小規模事務所は疲弊しきっています。M&Aによる事業承継の需要が高まり、会計事務所の統廃合が加速することが予想されます。

　そうなると、大手の税理士法人だけしか生き残れないという状況になるような気がしています。

会計事務所の採用状況

⑴ 深刻化する採用難

税理士試験や簿記試験の受験者数が減少しています。特に税理士試験の受験者は、平成24年から27年のわずか3年間で1万人も減少しています。毎年コンスタントに３０００人の受験生が減っているのです。そして、業界全体として人材難が深刻化しています。

税理士という資格の魅力が年々薄れてきているということでしょうか。

税理士の年齢層をみると、60歳以上が50％を超えており、特に若手人材の確保が困難な状況が見てとれます。

背景として、景気の好転により人材が一般企業へ流出していることが考えられます。税理士の試験勉強に費やす労力や時間、金銭的側面などを考えると、一般企業と比較して給与等の待遇面が必ずしも有利とは言えません。

税理士試験受験者数の推移

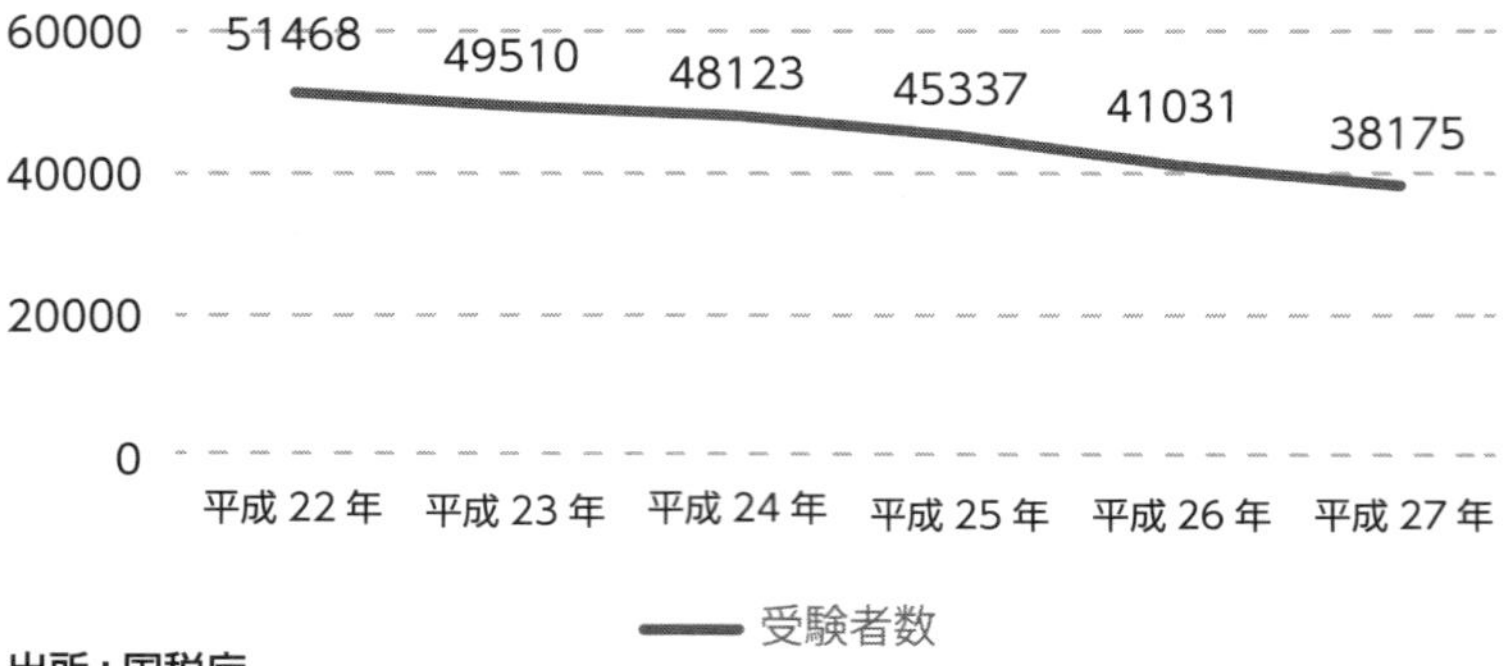

出所：国税庁

税理士の年齢層

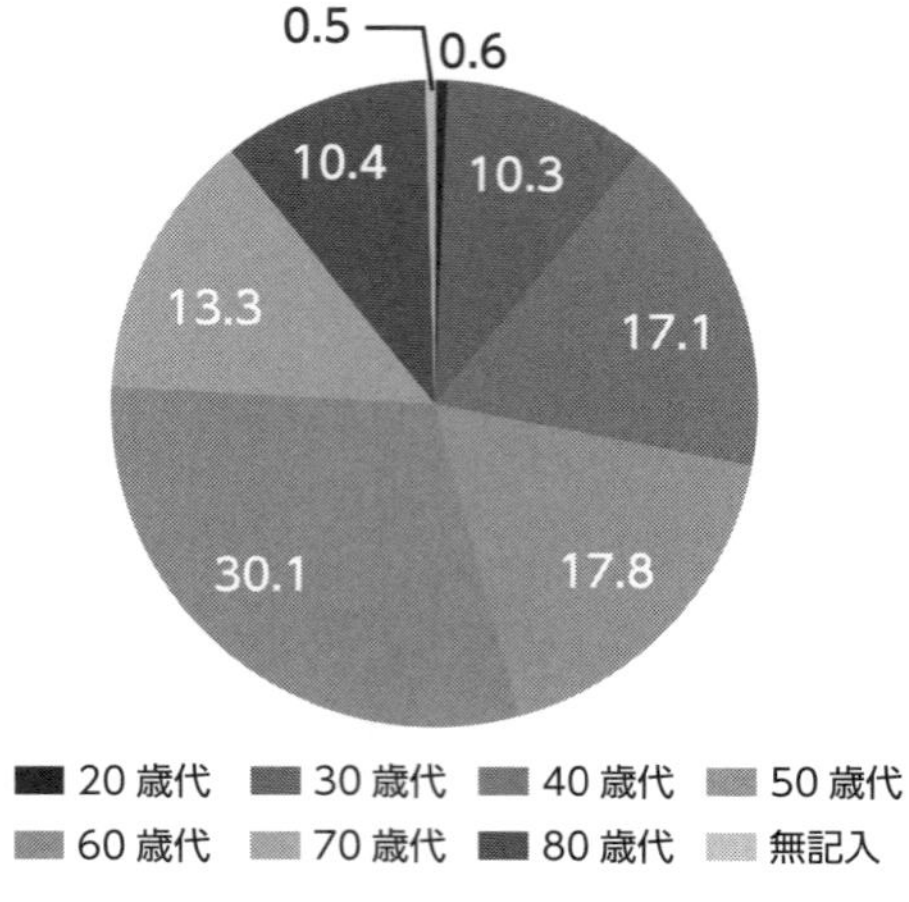

出所：第 6 回税理士実態調査報告書

（2）税理士法人と個人事務所の給与格差

会計業界に人材が集まらない一方で、税理士法人の増加により、そこで働く従業員数は増加しています。税理士法人と個人事務所の売上の違いは、当然給与の違いとなって表れてきます。第６回税理士実態調査報告書によると、税理士法人の社員たる税理士の平均給与収入金額は８８６万円なのに対し、他の開業税理士または税理士法人の補助者として税理士業務に常時従事する税理士の平均給与収入金額は５９７万円と、３００万円近くの差があります。

税理士も大手に流れる傾向になっているのです。

（3）採用面でも二極化が進む

一般企業への人材流出を食い止めるには、待遇面の問題をクリアする必要があります。さらに、税理士法人をはじめとする大規模事務所と個人事務所を比較しても採算面で二極化が進んでいます。給与・労働環境・安定性などに劣る個人事務所は厳しい戦いを強いられています。

大規模事務所にはない小規模事務所ならではの理念や方向性を明確に打ち出すことが必要なのです。給与以外で、スタッフのスキルやモチベーションの向上につながる仕組みづくりも同時に求められているのです。

税理士の受験者数から見える未来

(1) 若者の税理士離れ

税理士試験の受験者数が減少していることは前で触れましたが、その内訳は年代によって違いがみられます。35歳以下の受験者数が激減しているのに対して、40代以上はわずかですが増加しています。

その背景に、少子高齢化があることは間違いありませんが、若者にとって税理士が魅力の無い職業として認識されているという面も無視できません。

税理士が「消える職業」と考えられていること、厳しい競争にさらされていること、一般企業との比較において勉強面や金銭面の負担が大きいことを考えると、若者が新規参入しにくい業界として捉えられているように思えます。

年代別税理士試験受験者数比較

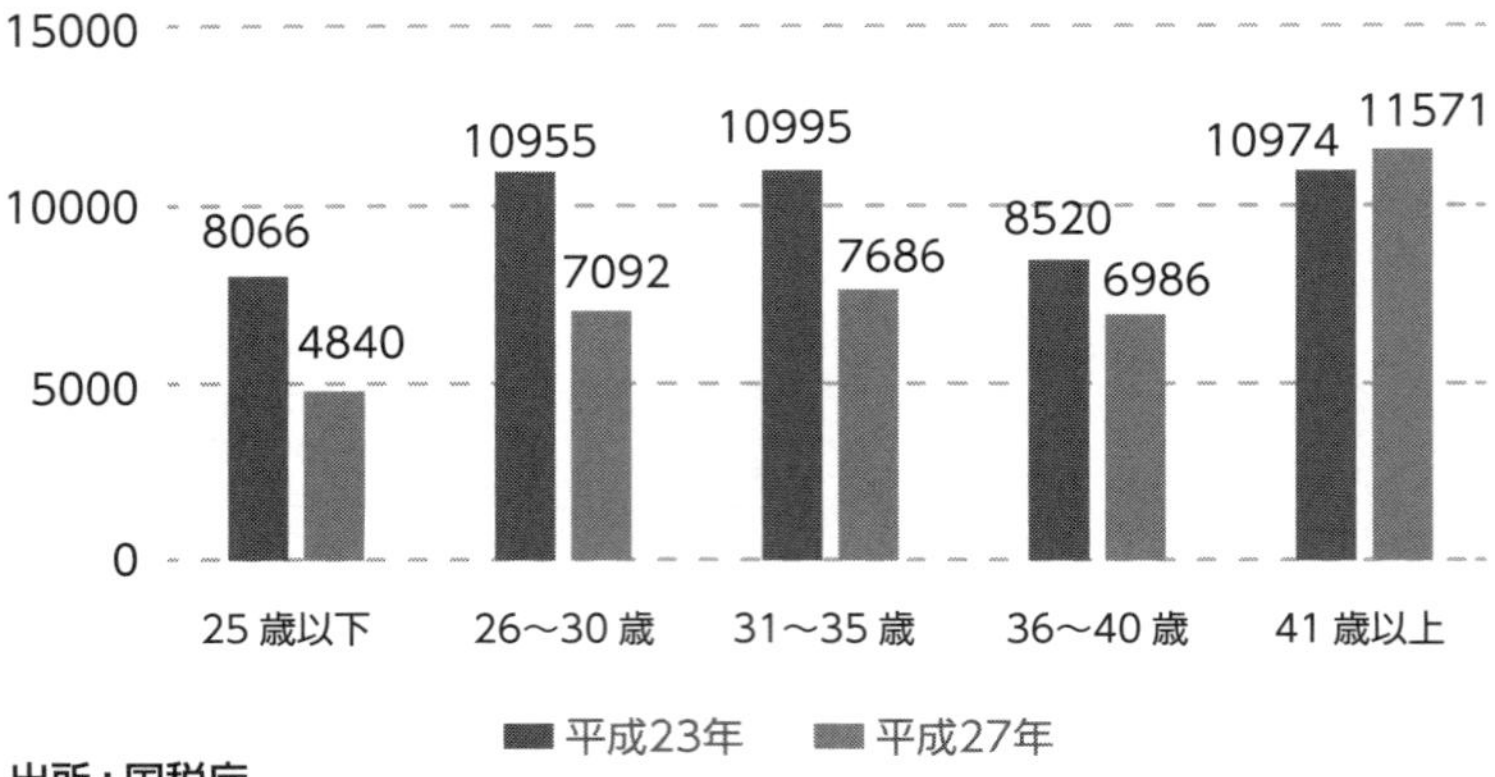

出所：国税庁

(2) 優秀な人材は大規模事務所に独占される

若手税理士が減少すれば、高齢となった税理士が事業承継する際は、大規模事務所とのM&Aが主流になると考えられます。そうなると、優秀な人材は、顧問先が多く安定している大規模事務所が独占することになるでしょう。

人材難の個人事務所は、顧問先が増えず売上も伸びず、従業員の給与も上げられず、労働環境が悪化し、やっとの思いで採用した従業員はすぐに退職……と、負のスパイラルに陥ることになります。

ここまで、データを基に税理士業界の現状を見てきましたが、かなり厳しい状況に追い込まれていることを分かっていただけるでしょう。

でも、悲観的になることはありません。

記帳代行や申告書作成をしているだけなら、存続の危機という厳しい未来が待っています。しかし、記帳代行や申告書作成に満足せず、より付加価値の高い業務を担う新たな道を歩めばいいのです。

その新たな道とはどのような道なのでしょう？

まとめ

○税理士業界は、内部競争はおろか他業界からの新規参入もやってきている。

○税理士事務所の二極化が進んでいる。個人税理士事務所は、採用難からますます厳しい状況に追い込まれる。

○記帳代行、申告書作成業務から脱し、付加価値の高い業務へと新しい道を踏み出すべきである。

第2章
差別化が必要である

さて、税理士業界はかつてない危機の時代を迎えています。何年もかけて勉強し、厳しい試験をくぐり抜け、晴れて念願の税理士という肩書を得ても、開業後に「思ったほど売上が上がらない」「依頼が来ない」「人材が集まらない」と経営がうまくいかず、せっかく開業したのに数年で閉めざるを得なくなってしまった事務所の話も漏れ聞こえて来ます。

また、最近では個人で簡単に確定申告ができるソフトやサイトが多くなり、税理士が頼られる場面も減っています。今後マイナンバー制度によって所得が把握されることで、個人の申告自体が必要とされなくなる可能性もあります。

かつては「税理士事務所」と銘打って開業すれば、その地域のお客様が自然と寄ってくる時代がありました。しかし、「税理士先生」という看板だけでは食べてはいけない時代となりました。

では、どうすれば税理士事務所の展望が開けるのでしょうか。

「地道な営業による方法」

まず税理士事務所ではなく、普通の会社に置き換えて考えてみましょう。

かつては競合会社が少なく、これといった努力をしなくても商品が売れていた会社があったとします。しかし、次第に同じ商品を売る会社、いわゆる競合他社が増えてきて、お客様の数も伸び悩み、もちろん売上も落ちてきました。そうなったら、その会社はどのような手段をとると思いますか？

税理士事務所業界は今、正にその会社と同じ状況になりました。街を見渡せば会計事務所の看板が至る所に見ることができます。そんな中、会計事務所の多くが顧問先の獲得対策として始めたのは地道な営業活動の推進、拡大でした。

実際、様々な税理士事務所が〝営業部隊〟なるものを結成し、ＤＭやファックスＤＭなどでお客様を獲得しようと考えました。新規法人が設立されると、税理士事務所から大量のＤＭが送られてきます。ネットで税理士事務所を検索すれば、営業の指南やフライヤーの上手な作り方などがたくさん紹介されています。税理士事務所の規模が大きくなればなるほど専任営業マンの割合が高くなるというデータもあり、求人情報で「営業職」を募集している事務所も珍しくありません。

このような地道な営業による顧客獲得方法は税理士業界でも重宝されてきましたし、今もその方法に頼る事務所は少なくないでしょう。

ただし、「地道な営業」といっても、何を売るかセールスポイントがなければ、並み居る事務所の中からお客様に選んではもらえるわけがありません。

目立つＤＭを打ったところで、他の事務所に真似されてしまえば、早晩埋もれてしまいます。

価格競争という方法

以前、税理士業界では、考えられないような顧問料の値下げが行われました。つまるところ、税理士業界のポピュラーな顧客の獲得方法として、かつて一度「激安顧問料をセールスポイントとした営業戦法」に落ち着いたのでした。

この手法が一概に悪いと言うつもりはありません。お客様からすれば安い顧問料で税理士に仕事を依頼できます。何より値段という分かりやすい指標ですから、大変ありがたいことでしょう。また税理士事務所側としても昔に比べれば安い顧問料になってしまいますが、分かりやすいアピールポイントを得られたわけです。

現在も多くの事務所が採用している手法でもあり、駆け出しの事務所であればこれしかセールスポイントがなく、既存の事務所に負けない値段を打ち出すことは珍しくありません。

しかし、「激安顧問料をセールスポイントとして押し出した営業戦法」で、将来も安定した経営を続けていくことができるでしょうか？

激安セールスの果てはどうなるか、他業界の事例が教えてくれています。

（1）価格競争が与える影響
―価格競争の代表例：牛丼チェーン店

値下げを打ち出した営業による顧客獲得として真っ先に思い浮かべるのは、2000年代序盤に起こった飲食業界、特に牛丼チェーン店業界で巻き起こった値下げ合戦でしょう。

かつてはトッピングなしの並盛が400円ほどだった牛丼。値下げ合戦の最盛期だった2010年代では各店200円台も珍しくありませんでした。値下げが行き着くところまで行ってしまったのです。

お店もスタッフも疲弊しきったのでしょう。値下げ合戦は終結に向かい、今ではどのお店も300円台です。結果として、値下げによる顧客獲得は長くは続きませんでした。結果として、何が問題だったのでしょうか。

（2）価格競争を読み解く「囚人のジレンマ」

「囚人のジレンマ」をご存じですか？　これはゲーム理論という、複数主体が係わり合うことにより起こる思考や行動を研究する学問の代表的なテーマの1つです。価格競争を考える上でよく引き合いに出されるのですが、次のようなストーリーが元となっています。

ある犯罪において共犯として容疑者になった2人がいて、２人は長い間黙秘を貫いています。そこで2人をお互い別室に連れて行き、意思疎通が取れない状況にした上で警察はこんな話を持ちかけました。

「お前らが2人ともこのまま黙秘を貫くなら、２人とも懲役2年だ。だが、どちらか一方が自白してくれるなら、その話してくれた方の1人は懲役1年にしてやる。自白せず黙秘した方は懲役10年だ。ただし、どちらも自白するなら、２人とも懲役5年にする。」

２人の容疑者は自白するでしょうか？　それとも黙秘を貫くでしょうか？

あなたがこの容疑者の２人だとしたらどうしますか？

とれる行動は、自白するか、黙秘するかのどちらかです。話を整理するために簡単な表を用意してみました。

	A：自白する	A：黙秘する
B：自白する	A・Bともに 懲役5年	A：懲役10年 B：懲役1年
B：黙秘する	A：懲役1年 B：懲役10年	B：懲役10年 A・Bともに 懲役2年

さて、他人事として客観的に見ると2人とも黙秘をすれば、お互い2年の懲役で済むので双方の利益上一番良さそうです。しかし当事者ならどうでしょう？　相手が裏切り、自分だけ重い刑を受ける羽目になるのでは、というジレンマが起こります。自分が当事者なら自白を選ぶと考える人も多いかもしれません。これが「囚人のジレンマ」です。

この例で重要なのは、「1回切り」という前提では、自白する、つまり相手を裏切ることが個人の短期的利益としては最適解になるのですが、何度も繰り返す長期的関係の場合は協力し合ったほうが最終的には多く利益を得られるということです。

価格競争に当てはめてみましょう。1つの業界における競合相手との関係は長期的関係になるので、皆で協力し合って価格の維持に努めていく方が多くの利益を得られるのです。しかし、ひとたび誰かが自分だけの短期的利益を得るために値下げをしてしまえば、他者も値下げを追随し、結果として価格競争が生まれます。最終的には全体としての利益も個々の利益も、協力して価格維持に努める場合に比べ格段に落ちてしまうのです。

(3) 価格競争による問題点

そもそも価格が下がると何が困るのでしょうか？

第一に顧客数を増やさなければ、経営を続けていくことが困難になります。顧客数には限りがあります。その中で数を奪い合うわけです。

価格競争が起きると、顧客数に対するシェア率が重要視されます。客単価が下がっても同じだけ稼ぎたければ、仕事量を増やすしかありません。仕事量が増えれば、１件の仕事にかけられる時間は減少せざるを得ません。人手を増やせばその分の人件費もかさみます。

牛丼チェーン店の価格競争の例では、人件費を削ったことで起こった深夜のワンオペ問題やサービス残業が、大きな雇用問題になりました。

また、顧客数を増やすために認知してもらうための広告宣伝費もかさみます。税理士事務所の場合、ネームバリューという武器を持つ大手事務所がとても有利です。新規中小事務所は自分たちが認知され、興味をもってもらうところから始めなければなりません。

さらに、お客様に与える印象の問題もあります。税理士は、お客様から税務のプロフェッショナルと思われる職業です。そのプロフェッショナルの顧問料があまりにも価格が安いと、お客様によっては不信感をもたれてしまう可能性があります。いわゆる「安かろう、悪かろう」です。お客様からすればプライベートな情報を預けなければならない相手ですから、心配されるのは当然です。

もちろん「安いからこそ！」と依頼をしてきてくださるお客様もいます。ですが、そういう方はさらに安い税理士に出会うとそちらへと流れてしまいます。こちらも負けないようにと価格を下げる、すると負けじと相手も下げて……となれば、牛丼チェーン店業界の二の舞です。

あなたの事務所は、この価格競争に勝てる自信はありますか？

「差別化という方法」

(1) 価格以外でお客様に選ばれる

原点に立ち返ることとしましょう。

営業や広告に頼るにせよ、大幅な値下げをするにせよ、何のために始めたことなのでしょう。それは税理士が増え、会計事務所が飽和状態の中で、待っているだけではお客様が来てくれない現状を打破するためでした。そんな中で、顧客獲得のため、「同じサービスなら価格の安い我が事務所を」という事務所が増えた結果、価格競争が巻き起こったのでした。

では、価格競争に頼らず現状を打破するには、どんな手段があるのでしょうか？

価格競争以外の、他の事務所ではやっていない別の魅力あるサービスを提供することができれば、お客様に選ばれる税理士になれるはずです。「多少他の税理士より金額はかかるけれど、その金額を払う価値がこの税理士にはある」と思ってもらえれば、最低価格を目指さなくてもいいのです。この「お金を払う価値がある」というのは、言い換えると「付加価値がある」とも言えるでしょう。

この「付加価値をつける」ことが今回、本書で紹介したい「差別化する」ということなのです。

(2)「差別化」のすすめ

そもそも差別化は他とは違う形態をとることです。顧問料の値下げも差別化の1つではあります。しかし、他の事務所も同じ手法をとってしまいそれが飽和してしまった今、値下げするだけでは「差別化」と言えなくなりました。

お客様は、「自営業の人」「会社員の人」だけでは括れないほど、様々な方がいらっしゃいます。小売業を営む方、飲食業を営む方、デザイナーやシステムエンジニアなどの技術職、会社員として働きつつ副業として収入を得ている方、株の取引だけで生活している方など、挙げれば限りがありません。この様々な職業のお客様が税理士に求める内容は、多様であり複雑にもなっています。

税理士事務所は、そのすべてに対応することは不可能です。選択による「差別化」が必要な理由はそこにあります。

ここで「差別化」は、価格競争以外の、「他の事務所とは違うサービスを提供すること」と定義します。

(3)「業種特化」による差別化

相続税対策が得意、消費税の還付が得意を掲げる税理士事務所は多く見かけますが、「この業種専門です」と謳う事務所はあまり多くありません。徐々に増えてきている印象ですが、まだまだマイナーな宣伝文句でしょう。

私の事務所は「大家さん専門税理士」を名乗って8年が経ちました。今では、多くのお客様を抱えています。相談しに来て下さるお客様の大半は、今までも他の税理士に依頼していた方々ですが、口々に「今までの税理士先生は申告業務はしてくれるけど、アドバイスなどはしていただけなくて……」とおっしゃいます。ここが税理士とお客様の間にあるギャップなのだと、私はひしひしと感じます。お客様は「自分の業種のことがよく分かっていて、適切なアドバイスをくれる税理士がほしい」のです。

私の専門とする大家さんの分野では、専門的なアドバイスに応えられる税理士はかなり少ない状況です。大家さんに限らず、需要があるのに供給の少ない市場は、供給側からすれば願ってもないチャンスです。今まさに税理士業界において、「業種特化」による差別化はそんな市場なのです。

これは、早い者勝ちの世界です。いかに早く需要のある市場に着手して多くのお客様を獲得できるかが勝負です。差別化されたサービスを提供できれば値下げする必要がありません。

ただし、安易に手を出しても成功しません。

(4) 中途半端な差別化は刺さらない

「差別化をするぞ!」と思い立っただけで差別化できるほど、簡単ではありません。秋元康さんの著書『秋元康の仕事学』を読んだときに出会った衝撃的な言葉が忘れられません。私が大家さんを専門でやろうと思ったときに、背中を押してくれた言葉でもあります。

それは、「記憶に残る幕の内弁当はない」というものです。

幕の内弁当は、みんな好きな弁当です。しかし、この幕の内弁当は本当に美味しいと、記憶に残るものはないということです。幕の内弁当は、エビフライやハンバーグなどみんなが好きなおかずが入っています。だから、みんな好き。でも、それは嫌いな人がいないという意味です。

事業をやるなら、お客様に認知されないといけません。記憶に残さないとダメです。中途半端な差別化では記憶に残りません。

秋元康さんは、こうも言っています。

「喫茶店をやるなら、美味しい豆で作るコーヒーを売りにしてはダメだ。うちはココアしか出さない、ココア専門店と売り出すべきだ」

尖っていないと、お客様には刺さらないということです。差別化では、常にこれを意識していなくてはいけません。差別化と言っても、ちょっと変えたくらいでは何の意味も無いのです。目を止めてもらいたいなら、大きな方向転換が必要です。大変勇気のいることですが、そのリスクを冒して最初の一歩を踏み出した者のみが、本当の差別化の道を歩むことができるのです。

(5)「大家さん専門」による差別化

例えば、私の「大家さん専門」という業種による差別化であれば、お客様はその業種の専門の方ばかりです。知識も年季もお客様のほうが圧倒的に上です。付け焼刃の知識では認めてもらえるわけがありません。どんな業種を選ぶのか、自分は他の事務所とどれだけ差をつけることができるのかを慎重に検討する必要があります。

(6) 広告や営業に頼らない

価格競争に巻き込まれにくい「差別化」ですが、もう1つ特徴があります。それは営業専門部隊をあまり必要としないことです。

実際、私の事務所には営業部はありません。広告宣伝費もあまり遣ったことがありません。というのは、有り難いことに「大家さん専門税理士」として不動産関係のセミナー講師をさせていただいたり、雑誌や情報番組の取材をしていただいたりする機会が増えました。そのセミナーを聞きに来て下さった方や記事を読んで下さった方がお客様となり、またその方からの紹介により新規顧客獲得につながるという流れができたからです。

もちろん運が良かったと言えばそれまでなのかもしれません。

実は、私は戦略的に狙っていたという部分もあります。

というのも、私は会社勤めのときは、営業の経験がなく、どう営業したら良いか分からず、苦手意識を持っていました。税理士事務所を開業してから、「営業せずに、どうしたらお客様を顧問先にできるか」をずっと考えてきたのです。

私の答えは、いかにその業界で注目されるかという戦略でした。誰もやっていなければ目立ちます。

大家さん専門税理士として早期に差別化を図ったことによるメリットでしょう。私が「不動産に強い税理士」というだけなら、広告や営業に頼らざるを得なかったかもしれません。「賃貸経営を営む大家さん」をターゲットにし、さらに「自らもアパート経営を営み、大家さんの仲間である」というスタンスが、多くの大家さん方に受け入れていただけたのだと思っています。

業種を同じくする方々との横のネットワークはとても強いものです。良い噂も悪い噂もすぐさま共有されます。そのネットワークに有益な情報を載せて、自分もその横のつながりに加わりつつ仲間たちが自分の営業専門部隊になってくれれば、これほど心強いものはないのではないでしょうか。

まとめ

○価格を下げることは差別化にならない。

○差別化をするなら尖ったものでするべきである

○差別化することで営業がいらなくなる。

第３章

業種特化という差別化

お客様が、本当に求めているもの

(1) 格安で申告書が作れる！の甘い罠

前章で、価格を下げることは差別化にならないと分かりましたが、お客様の立場で考えると、申告書作成は面倒ですから、お金を払ってでも外部に作成を依頼したい気持ちは痛いほど分かります。そして、依頼するときに、気になるのは依頼料金なのも頷けます。

お客様が税理士を選ぶときに、なぜ価格重視になるのかには理由があります。その原因の1つに「税理士の仕事が見えにくく」、「伝票整理をして決算書を作る人」「税金の計算をする人」程度の認識しかない方が多いというのがあります。実際に、薄利多売で仕事を請け負っている税理士の多くが、「帳簿屋さん」の仕事しかしていないのが現状です。そう考えると、仕方のない認識なのかもしれません。

「格安で申告書を作れます！」「決算書作成〇〇円！」などの謳い文句で広告を出す税理士事務所が多く見受けられます。格安で引き受けられるのにも、それなりの理由があります。お客様１人ひとりにかける時間が少ないということです。料金に見合った「それなり・・・・のサービスしかしない」ことを理解した上で依頼しているのであればいいのですが、理解しないまま料金以上のサービスを期待されるお客様も多いのです。

申告書作成のほか、節税するにはどうしたらよいか、経営状況はどうなのか、将来はどうなるのか、このままの経営で大丈夫なのかなど、本当は経営上のアドバイスが欲しいと不満を漏らす方もいます。

私が「いくら払っているのですか?」と聞くと、そのお客様は「〇万円（相場よりも安い金額）です」と答えられました。私は、「その金額は確定申告だけの値段です。アドバイスが欲しいなら、そのことを税理士さんときちんとお話された方がいいですよ」と伝えました。

税理士も、「アドバイスが欲しければ、金額は〇〇円になります」と、きちんと伝えることが必要です。

(2) 「申告書作成のみ」の税理士事務所

「申告書作成だけなら誰でもできる」と私は思っています。もちろん、ルールの知識は必要ですが、ルールを覚えてしまえば申告書を作成することは誰にでもできます。実際に私の事務所では、そのようにスタッフを教育していますし、未経験者でも一定の研修を積ませて、（税理士法に違反しない限りにおいて）作成させています。ＡＩの進化が目覚ましい昨今、申告書の作成だけであれば申告書作成システムの登場によって、お客様自身で申告書を作成することさえ可能になってきています。

そのような状況なのに、まだまだ申告書を早く作り上げることのみを目的としている事務所が多く見受けられます。そのような事務所では、仕事は数値入力などの単純作業だけで、決算書の数字の持つ本来の意味を読み取る力やコミュニケーション能力といった、差別化につながる付加価値の成長は望めません。これからの時代、税理士事務所が生き残るには、この付加価値をどれだけ身につけることができるかがポイントなのです。

税理士は、顧問先企業のお金の流れを最も詳しく把握しています。本来は踏み込んだコンサルティングができるはずです。そのコンサルティングこそが、これからの税理士事務所にとって最も重要な仕事になると、私は考えています。

（3）経営者は、プロとしての助言を求めている

経営者は日々決断の連続です。中小企業の経営者は相談する相手がいないことが多く、孤独との戦いでもあります。経営者は経営する業種についてはプロフェッショナルですが、

会計や税務に関してはやはり素人です。

税理士業界を見渡しても、経営コンサルタントに力を入れている税理士は極一部にすぎません。ほとんどの税理士はその重要性に気づいていないようです。ところが経営者は、税務の専門家である税理士から、経営に役立つアドバイスや指針が欲しいのです。

中小企業の社長は、経営、営業、現場のプレイヤーと1人で何役もの仕事をこなしています。現場の仕事に意識も労力も時間も費やすことになり、どうしても会計や経理はおろそかになりがちです。日本の中小企業の社長は数字に弱いと言われますが、こうした中小企業ならではの事情も影響しているのでしょう。

数字に弱い社長にとって、経営は荷が重いものです。経営は決算書や試算表の数字の上に成り立っているからです。経営上の判断には、資金繰りは大丈夫なのか、資金調達での課題は何かといった財務的な判断があり、その上に立って、時代にうまく乗っていけるのか、競合他社とは差別はできるのかといった事業戦略上の判断があります。つまり、決算書や試算表の数字が読めないと先を見通した経営は行えず、企業としての存続が困難になってしまいます。

経営者にとって、顧問税理士は最も身近にいる「数字に強い人」です。その信頼は、おそらく顧問税理士が思っている以上に大きいはずです。実際は、顧問税理士への遠慮もあって、なかなか口には出せないことも多いのですが、経営者は心の奥で「プロとしての立場から、何らかの経営的な助言がもらえたら」と期待しています。

「今期の決算ができました」という報告を受け取りたいだけではないのです。

私が、大家さん専門の税理士になろうと決意したのは、大家さんには相談相手もおらず、孤独な存在だと分かったからです。相続対策のために大家さんになったような地主さんは、「経営をしたい」という決意で賃貸経営を始めた方ばかりではありません。特に望んだわけではなく、経営のことなんてまるで分らないままスタートされた方も少なくありません。いざ賃貸経営が始まると分からないことだらけ。

経営者というのは本当に多くのものを背負っています。自分の家族、従業員とその家族、取引先……、多くの人の生活や人生を背負っているのです。時には自宅を担保に入れることもあるでしょう。この重い荷物が少しでも軽くなるように整理してくれて、時に励ましてくれるアドバイザーがいてくれたら、どんなに心強いでしょう。

そのポジションになれる一番の候補は、税理士に外なりません。

(4)「経営者の人生に寄り添う」覚悟

経営者が税理士に本当に求めているのは、数字のプロとしての経営上のアドバイスでした。ですから税理士の仕事は、「確定申告が終わってから」といっても過言ではありません。申告がゴールではありません。申告した数字から1つひとつ紐解き、経営状況を見直し、経費を精査し、経営者に寄り添い、将来予測を含めた税務に関する解決策を提示するところまでが税理士の仕事なのです。

私が税理士に経営コンサルティングを勧める理由は、税理士だけが「数字に基づいた経営コンサルティング」を行える能力を有していると考えるからです。これが他の経営コンサル業者に差をつける、大きなアドバンテージになります。

経営コンサル業者と税理士の大きな違いは、顧問として積み上げてきた過去の1つひとつの仕訳データの蓄積があることです。税理士は、経費のどの項目（What）が、いつ頃（When）から、なぜ（Why）、どのくらい（How）増えたのかまで明らかにすることができます。この情報をもとに、どうすれば経費を抑えられるのかという手立てが見えてきます。あるいは、経費を抑えるよりも別の方法で利益率を上げたほうが効率的だといった、より良い対策を提案することも可能でしょう。

経営者が抱える経営上の悩みや不安、心細さに対して、税理士ほど的確にサポートできる存在はいないと私は考えています。ですからぜひ、我々税理士のほうからお客様に、「何か困っていることはありませんか？」「私にお手伝いできることがあったら言ってください」と声をかけ、積極的にコンサルティングをしてください。

高品質なコンサルティングサービスを提供するには、経営者の人生に寄り添う覚悟で、信頼関係を築かなければなりません。

それを実現する方法としても、私は「業種特化」による差別化が、最も優れていると考えています。

業種特化のメリット・デメリット

経営コンサルティングを突き詰めていくと必然的にたどり着くのは各業種・業界における「専門力」の必要性です。節税や経費、借入金など一般的なアドバイスはどの業界・業種でも共通しますが、いかに事業拡大や収益アップをしていくかという経営戦略的なアドバイスになると、専門的な知識やノウハウが求められます。

以下で、税理士事務所が業種特化した場合のメリット・デメリット、業種特化しなかった場合のメリット・デメリットを検討しましょう。

(1) 業種特化のメリット

ワン&オンリーの存在になれる

最近は「相続専門」「消費税還付専門」など、業務特化を売りに出している税理士事務所は見受けられるようになってきました。しかし、業種特化している事務所となると、まだまだ少数派です。今のうちに業種特化することで、ワン&オンリーの存在になる道を切り拓くことができます。

誰も進出していない分野に飛び込めば、第一人者として不動の地位を築くことが可能です。どの業種を選ぶかのポイントは後述しますが、いち早くその業種・業界に入り込むことが「ワン&オンリー」の存在になる第一歩です。

事務所間の顧客獲得競争が激化している中、メジャーな領域で競うよりも、マイナー領域に特化することによりその領域での第一人者になるのは、経営戦略の1つとして非常に有効な方法です。

価格競争から脱却できる

第一人者、ワン&オンリーになるということは、税理士業界に渦巻いている価格競争に巻き込まれずにすむということです。価格競争は税理士業界の疲弊と閉鎖感をもたらすものであり、その先に明るい未来は見込めません。

専門的なアドバイスを求めるお客様は、そもそも安い顧問料を目的としていません。顧問料が高くても的確な経営コンサルティングをしてくれるほうを選ぶのです。業種特化することにより、税理士事務所の認知度が各段に上がり、価格競争から抜け出すことができます。

業種特化を積極的に行っている税理士事務所が少ないので、業種特化しているというだけで注目を浴び、取材や本の執筆の依頼、ウェブサイトでの掲載の話が自然に湧いてきます。

今やインターネットで「◎◎税理士」で簡単に検索できる時代です。インターネットで「税理士事務所」を検索したら、あなたの税理士事務所はいったい何番目に出てきますか。上位を期待するならインターネット対策にかなりの出費が必要でしょう。

ところが、業種特化するとピンポイントで検索してもらえるようになります。

業種のノウハウの迅速な蓄積

業種によって利益率や経費の適切な割合は大きく異なります。１つの業種に特化すれば、その業種に関する多くの経験を短期間で積むことができ、知識を蓄積することができます。したがって業界の勝ちパターンはどうなのか、問題点はどこにあるのか、ノウハウや勘所を素早く身につけることができます。

私の事務所のお客様の中に、「カリスマ大家さん」と呼ばれる方がいらっしゃいます。投資対象とする不動産の見つけ方や関係業者さんへのアプローチの仕方、投資物件の売却のタイミングなどが、絶妙に上手いのです。

これらのノウハウや勘所を得られれば、それを武器にさらなる良いサービスが提供でき、その実績により新たなお客様を呼び込むことが可能です。お客様が増えることで、さらなる経験を得る機会が増えるという正のスパイラルを得ることになります。

経営まで入り込んだアドバイスができる

価格競争に巻き込まれないことで、精神的にも時間的にも余裕が生まれます。結果、お客様1人ひとりに対して、腰を据えて対応することができるようになります。積み上げてきた過去データ（1つひとつの仕訳データ）の蓄積があるので、「なぜ経費が多いのか」の理由まで細かく分かるようになります。さらに、その経験が他のお客様にもデータとして還元できます。

事業が伸びていく可能性があるかの見極め、経営にテコ入れが必要か、どういった方向に舵を切るべきかなどの判断ができるようになります。1つの業種に絞り込み様々なデータを蓄積していくことで、コンサルティングのクオリティを高めることができます。

専門力が強ければ強いほど、経営に入り込んだアドバイスができるようになるのです。

（2）業種特化した場合のデメリット

他の業種には弱い（機会損失）

１つの業種に特化しているので、専門外の業種には弱く、「機会損失」が生じるという弱点はあります。

税理士だけでなく、士業に携わる者はなんとなく得手不得手があるものです。様々な相談を受けていると、ありがたいことに、お客様をご紹介いただくようになります。しかし、全く不動産を扱っていないお客様の場合、私の事務所では、他の専門の税理士事務所にお客様を紹介することにしています。

もちろん、その分野を勉強してお客様のお力になることもできるのですが、私どもがやるよりも、その道の専門家に頼んだほうがお客様のためになると思っています。

お客様から認知されるには時間がかかる

今日から「業種特化でいくぞ」と決めても、それを周知させるには相当な時間がかかります。相当な費用を使い、ＳＥＯ対策やコマーシャルなどの広告宣伝活動をすれば時間は短縮されるかもしれません。

それでも「◎◎業界と言えば■■税理士」となるには、地道なＰＲと実績を積んでいくのが一番確実で、結局は最短距離になると、私は思っています。その間、事務所の売上は伸び悩むでしょう。その期間を乗り切るだけの貯えをしておくことも必要です。

地域による需要差が大きい

地域によっては、その業種の需要が少ないこともあります。極端な例ではありますが、漁業専門税理士は、内陸部で多くの仕事を獲得することは難しいでしょう。「大家さん」でいうと、一戸建てが多い地域と賃貸が多い地域では需要の種類が異なります。

事務所を置く地域の特性と需要がどれくらいあるかは、重要は判断要素です。

【業種特化しないメリット・デメリット】

業種特化をした場合と裏腹ですが、業種特化をしなかった場合のメリット・デメリットも見てみましょう。

（1）業種特化しない場合のメリット

様々な業種の経験が積める

1つの業種に絞らないので、お客様のニーズは幅広いものになります。様々な業種のお客様に対応していくことで、経験値を積むことができます。ある業種で経験したことが、他の業種に活かせることもあり、業種にとらわれない新たな提案ができるチャンスが生まれることもあるでしょう。

様々な業種の経験があるということは、それだけで強みにもなるのです。

機会損失が少ない

「どんなご相談もお受けいたします」という謳い文句を掲げていれば、機会損失は少なくなります。大手事務所や専門事務所よりも手軽に相談しやすい印象を与え、大きな案件が入るきっかけを得ることもあるでしょう。窓口を広げておいたほうがどんなお客様にも対応することができます。

拠点選択の自由度が高い

地域によって産業や業務形態は大きく異なり、必要な専門性は多岐にわたります。業種特化しない場合には、どのような地域でも対応が可能なため、拠点選択の自由度が高いといえるでしょう。

東京など大都市で税理士事務所が乱立している激戦区よりも、地方でオールラウンドに仕事を獲得することも有効な手段の1つです。

（2）業種特化しないデメリット

価格競争の渦に巻き込まれる

税務を仕事にしている者ならば、お客様のニーズには応えたい、力になりたいと思うのは当然です。しかし、どんなに優秀な税理士であっても、１人で10も20もの業種・業界の事情を子細に把握することは現実的には難しいでしょう。結局、「決算書ができました」と決算ごとに報告するだけになります。どの税理士がやっても同じ仕事なら「値段が安い」事務所に頼みたくなるのが人情です。

どんなお客様の仕事でも受けたいという想いはとてもすばらしいことですが、その想いが逆に、お客様を遠ざけてしまう原因にもなるのです。価格競争の大きな渦も、多くのお客様を引き受けたい想いが招いた結果かもしれません。

すべての経験値を積むには時間がかかる

多くの案件を経験しても、一度や二度経験しただけでは経験値は低いままです。

すべての業種の経験値を平均値まで引き上げるには、とても時間がかかります。

業種特化している事務所には、その業種では勝てない

業種特化している税理士事務所に比べると、業種ごとの情報量（事例数）はかなり少なくなります。お客様はその業種に入り込んだ話をしたい、アドバイスを受けたいのです。それなのに、一般的な税務のことだけで、自分の期待する「突っ込んだ」アドバイスを受けられないというフラストレーションは徐々に蓄積されていきます。

申告書は誰が作成しても同じということがお客様に分かってしまえば、自ずとその業種を極めている事務所の門をたたくことになるでしょう。

（3）業種特化を決心するのは今しかない

ここまで業種特化の必要性について述べてきました。業種特化による差別化をするか、しないか。どちらを選んでも必ずメリット・デメリットはあります。

どちらの道を選ぶにせよ、決断するときは今なのだ、ということは十分理解していただけたと思います。

まとめ

○顧客は申告書の作成のみを求めているわけではない。

○経営者のよきアドバイザーになれるのは税理士しかいない。

○業種特化のメリット・デメリットをしっかりと見極める。

第4章
選ばれる税理士、選ばれない税理士

お客様に寄り添う

(1)〝マインド〟

ここまで読んできた皆さんは、業種特化による差別化のために必要なことは何だと思いましたか？　その業種に関する知識？　お客様に繋がるコネ？　それとも、そういったお客様の顧問をしてきたという実績？

もっと大切なものがあるのです。それが〝マインド〟です。マインドというと「心」や「精神」を意味する語句ですが、「その業種に対する心持ち」がとても大切なのです。

(2)「サービス業」であるということ

さて、一般の皆さんは、税理士をどんな職業だと思っているのでしょうか。税理士のイメージについて検索をかけると「まじめそう、数字に強そう」、場合によっては「怖いイメージがある」と書かれています。

士業という名前と国家資格であることから、いわゆる「先生業」と考えている人が多いのだと思います。その意識は当事者である税理士自身にも根付いています。

実際、ある税理士と話していたとき「顧問先にするなら何も知らない素人のほうが良い。自分より知識があると扱いづらい」と言われて驚きました。まるでお客様を物のように言い放つその姿に、これこそが税理士は怖いと言われるゆえんだと感じました。

税理士だけではなく、士業は「サービス業」に分類されます。では「サービス業」とは何か？　サービス業とは「お客様の欲求に応える仕事」です。つまり税理士は「国から認められるレベルの税に関する知識がある者が、お客様の税金に関する悩みに応えるサービスを提供する仕事」です。

お客様ありきの商売なのであり、「勉強した人だけがなれる先生業だ」と思っていてはいけません。何より「お客様より知識が無ければ面目が立たない」などという意識は、真っ先に捨てるべきだと、私は考えています。業種特化を目指すのであれば、このことは強く心に刻んでほしいのです。

業種特化するということは、その業種のプロの方々を相手にします。税金に関してはこちらの知識も経験も上だとしても、その業界の仕事内容や業態などは、お客様のほうが何倍も詳しいのです。中には、税全体は疎くても、その業種の税に関しては非常に詳しい方もいらっしゃいます。その方々も日々研鑽を積み重ね、ご自身の経営を良くしていこうと努力しているのです。

税理士は、「一般的な税の知識」だけを持って単身その業種に飛び込むのですから、そこで「先生業」をやろうとしてもうまくいくわけがありません。

ただし、誤解してほしくはないのですが、何も下手に出なさいということではありません。あくまでお客様と対等に話し合う姿勢であってほしいということです。自分は偉いのだという意識ではなく、お客様と真摯に向き合って業界全体をより良くしていきたいのだというマインドで臨んでほしいのです。

(3) 専門知識よりも安心感

そもそもなぜ「お客様より知識が無ければならない」のでしょうか？

おそらくその答えこそが「先生業」であるという意識なのだと思います。自分が求められているのは専門知識であり、その知識を求めてお客様は集まってくるのだと思っていませんか。ところが、業種特化の税理士に、お客様は「専門知識」を優先的には求めてきません。

ほんとに？ と思われるかもしれません。

お客様目線で考えてみましょう。税理士・会計事務所の看板や広告を見ると「消費税還付専門」や「相続税に強い！」などという文言が目立ちます。確かに、そういう「税目に強い税理士」はその消費税還付なり相続対策という、ピンポイントであったり一生にそう何度もあるわけではない一大イベントであったりが起こったときは、とても頼れる存在です。そういう事務所には「目の前の問題を素早く楽に乗り越えるための専門知識」が求められます。

では、業種特化事務所には何が求められるのでしょうか？　おそらく「専門知識」よりも「安心感」を求められるお客様が多いのではないでしょうか。

私自身、親のアパート経営が傾いたとき、「資金繰りが厳しいので、何か良いアイデアはありませんか？」と顧問税理士に相談したときに、「ではアパートを売却してしまいましょう」と、こともなげに言われた経験があります。

結局アパートは手放さず、何も分からない中で、修繕をしたり管理会社と話し合ったりして、自分の力でなんとか経営を立て直しました。その時しみじみと感じたのは、もし親の顧問税理士が「私は賃貸経営に強いわけではありませんが、なんとかしたいと思います。一緒に立て直していきましょう」と言ってくれたら、どれだけ心強かっただろうということでした。

この経験から私は、お客様に寄り添える税理士になろうと強く思ったのです。

「私の事務所の経営理念」

（1）何を大事にしているか

誠実・思いやり・諦めない　信頼を得ることが私たちの誇りです。

これが、私の事務所の経営理念です。月に一度行う全体ミーティングでは、これを全員で唱和します。「知識を高める」とか「資格を取る」ということを一切入れていません。また後の章で詳しく述べますが、税理士資格を持っていないスタッフが圧倒的に多く、税理士を目指しているスタッフはわずかです。

税理士を目指していないスタッフでも1人年間約30件のお客様を担当していますし、「あなたが担当で良かった」と言われているスタッフも多くいます。

まずは弊事務所の経営理念を、読み解いてみましょう。

第一に、誠実であること

例えば、お客様から質問をいただいて一度回答したとします。後で調べてみるとその解答に誤りがあった。その際にどのような行動をとりますか？

嘘をつくことは何よりもお客様にしてはならないことです。間違った情報を答えてはいけないという戒めではなく、間違っていたら素直に謝り、すぐに訂正する姿勢が大事だということです。何より間違っていたことを隠してはいけません。

第二に、思いやりを持つこと

これは、へりくだれという意味ではなく、そこに係わるのが自分を含め「人である」ことを念頭において行動せよという意味です。例えば、挨拶を忘れないとか、相手のことを気遣うとか、子どもの頃からよく言われてきた些細なことを、常に意識していることが重要です。

「思いやり」は即効性のある行動ではありません。すぐに売上が伸びるということはないでしょう。しかし、必ずどこかで「思いやり」は返ってきます。また、これを怠ると、その代償もいつか必ず返ってきます。

第三に、諦めないこと

スラムダンクという漫画の有名な台詞で「諦めたらそこで試合終了です」があります。業務をしていく上で重要なことを表している言葉です。

お客様が諦めない限りは、どれだけ大変でも一緒につきあっていく。むしろお客様よりも諦めずに根気よく、自分が持てる力を最大限に使って、1人ひとりのお客様に向き合っていくという心構えは、必ずやお客様に伝わります。

「誠実で、思いやりがあって、諦めない人物」。宮沢賢治の「雨ニモ負ケズ」ではないですが、知識より先に、この人物像を身につけようと努力することで、お客様から信頼されていくと思うのです。

(2) お客様に伝わるのは熱意、姿勢

当事務所のスタッフのほとんどは、税理士を目指しているわけではありません。元々は接客業や営業職、中には元劇団員といった経歴をもつ転職組が多く、入所時点では税務経験はゼロというスタッフも珍しくありません。

ですから、スタッフが全員税理士資格持ちという事務所に比べれば、総合的な知識力では勝てません。でも、スタッフが他の税理士事務所よりも劣っているなどとは一切思っていません。なぜなら、彼らには、しっかりとしたマインドがあるからです。

本章の最初にも書きましたが、税理士はサービス業です。何より大切なのは「お客様目線で語れる」ということです。お客様は、税務に関してはたいていの方が素人です。そういった方々に寄り添いながら分かるように説明するには、知識や権威よりも「共感」できる「同じレベルで話せる」かどうかのほうが重要です。これは接客業の基本の技術です。

例えば、家電量販店で新しいパソコンを買おうとしているとします。店員さんに「仕事用のパソコンの動きが悪くなってきたので、新しくしようと思うのですが……」と尋ねました。

ここで店員さんが「どのＯＳがいいのですか？　ＳＳＤかＨＤＤどちらですか？　メモリ容量は？……」などと聞いてきたら、パソコンに詳しくない人は戸惑ってしまいます。

上手な店員さんは「お仕事ではどんなことをなさるのですか？　今どういったことに困っていますか？」と聞いてくれます。お客様の知識の持ち様を観察しレベルを合わせてくれます。彼らは「聞く力」にも長けています。このお客様は何に困っていて、どう解決したいと思っているのかを、お客様が答えやすいように聞いてくれます。

税理士であるあなたはどうでしょうか。「利益が出ているはずなのに現預金が少ないのです」と言われたら、どんな言葉をかけますか？　本当にその人が理解できるレベルまで目線を落として話すことができていますか？　相手に伝わるのは「あなたのためを思って今、私は話をしたいと思っています」という熱意です。このような対応は、税理士の勉強をしても身につきません。

もちろん問題の原因を聴き、それを解決するための知識は必要です。しかし、まずは聴く姿勢が取れるのか。分からなければとことん調べてお客様にも分かりやすく伝えようという気持ちがあるか。これこそが「誠実、思いやり、諦めない」マインドなのです。

これを身につけようと常日頃から意識してくれている当事務所のスタッフだからこそ、税務知識が豊富な税理士事務所のスタッフにも負けない対応ができていると、私は思っています。

「選ばれない税理士」

(1) 士業にあぐらをかいていないか

つまるところ「税理士という資格だけにどっぷり頼り切っている税理士は、今後どんどん選ばれなくなっていく」ということです。

もちろん税理士は国家資格ですし、おそらく今後も無くなることはないでしょう。ですが、「資格」はあくまで「資格」です。有資格者が溢れかえり、必要性も薄まってきている今、「サービス業」としての実力が無ければ、商品価値は薄れていってしまいます。その「サービス業」としての実力のなさが、消えていった税理士事務所の敗因です。

逆に言えば、「資格」以上に「サービス業」としての実力をつければ、コンサルティングという新たなサービスで（付加価値）商品価値がぐんと上がり、税理士という枠にはまらず活躍できるのです。

税理士資格を持ちながら、お客様の会社経営、財産や利益のことも一緒になって考えてくれる。税理士として目指していく姿としては、これに勝るものはないしょう。

(2) 老害になっていないか

老害というと年を取ってちょっと意固地になってしまった個人のことと思われがちですが、辞書で引くと「企業や政治の指導者層の高齢化が進み、円滑な世代の交代が行われず、組織の若返りがはばまれる状態（三省堂　大辞林）」とあります。つまり、ただ年を取った（ちょっと面倒くさい性格の）個人ではなく、若年層の成長の妨げになっている「状態」のことを指しています。

この老害は、税理士業界の今後の課題にもなっていくと思われます。

税理士試験の合格者は若年層が減り、中高年層の割合が増えています。もちろん税理士試験は簡単ではありませんから、何年も勉強して登録まで辿り着いたときには40歳代だったという人もいるでしょう。高齢の合格者自体が悪いことだとは思いません。そこからもっと頑張ろうと思えるなら何ら問題は無いのです。しかし、税理士試験を終え晴れて税理士になっても、そこで燃え尽きてしまってはどうしようもありません。

「自分はこの年まで頑張ってようやく税理士になった。もう学ぶことなど何もない」となってしまってはいないでしょうか？

年齢に関係なく学べることはたくさんあります。今まで試験勉強しかできなかった人たちは、実務としての力を磨く努力をしなくてはなりません。そして、実務で学んだことを次世代に伝えていく準備をしなくてはなりません。

そんなことは一切考えず、「若い者は勝手に頑張ればいい。安定した収入と生活を手に入れればそれで良い」という税理士も珍しくありません。リスクがありそうで手間がかかりそうな業務はやりたがらない傾向があります。それでは自分の成長にもスタッフの成長にもならず、ひいてはお客様にとって不利益になる恐れさえあります。

せっかく苦労して勝ち取った国家資格を活かすためにも、自ら成長でき、そしてゆくゆくは税理士業界を担っていく若者たちが成長できる土壌をつくってほしいと思っています。

【選ばれる税理士】

(1) コミュニケーション力を磨け

選ばれない税理士として、「サービス業としての実力が無い税理士」を挙げました。逆に、「サービス業としての実力がある」とはどのような税理士を言うのでしょうか。

私は「コミュニケーション力の高さ」が、それを表すと思っています。

税理士が扱うのはお客様1人ひとりの財務状況です。似たような財務状況のお客様が2人いたとしても、2人とも同じことを考えているとは限りません。1人のお客様は事業を拡大させたいと考えているかもしれませんし、もう1人のお客様は今の規模のままでいいと思っているかもしれません。また別の人は、事業が順調なうちに事業を畳んでしまいたいと考えているかもしれません。1人ひとり事業に対する考え方が違うお客様に向き合うには、臨機応変に対応しなければなりません。

実は、私はそこが一番難しいと思っています。

後ほど詳しく説明しますが、業種特化することで会計ソフトへの入力や申告書の作成方法、節税対策方法などの技術、ノウハウは、マニュアル化することである程度対応は可能です。しかし、接客・コミュニケーションは個人の力量に負うところが大きいのです。技術やノウハウはマニュアル化することにより作業時間を短縮し、お客様と向き合う時間をできるだけ多くつくりたいものです。多くのお客様は、「自分と向き合ってくれる税理士」を求めています。

もう1つ、税理士にコミュニケーション力が必要な理由があります。それは「お客様に税理士という仕事をきちんと分かってもらう」ことが必要だからです。一般的に税理士というのは、何をどこまでしてくれるのか分かりづらい職業です。パン屋さんなら「パンを作り売っている人」ですし、医師なら「病気やけがを治してくれる人」、教師なら「知らないことを教えてくれる人」という認識があります。しかし、税理士は、「頼むと税金を安くしてくれる人」「確定申告などを代わりにやってくれる人」という程度の認識にしかありません。

しかし、税理士はそれだけの枠に収まらず、資産状況を見ながら今後の事業計画などを立てたり、相談を受けたりすることができる職業です。お客様に「私はこんなこともできます」と分かっていただくためにはコミュニケーション力を磨く必要があります。

お客様に、「こんなことも相談してみようかな」と思っていただき、それに応えることで、

「こんなサービスを受けられるのなら、顧問をお願いしたい」と言っていただけるコミュニケーション力があれば、これほど心強いことはありません。

(2) 分からないことは恥ではない

税理士は税金のプロだから、税金のことなら何でもすらすら答えられなくてはいけないと、私は思っていません。さすがに基礎的な部分が答えられないのは論外です。日々新しい情報をきちんと仕入れて、お客様に提供できるようにしなくてはなりません。しかし、自分は何でも知っているのだ、プロなのだという驕りを持ってはいけません。そういう驕りがあると、知らないことを恥だと思ってしまうからです。

人は皆、なるべく恥をかきたくありませんから、知らないことを知っているような嘘をついたり、憶測で話したりしがちです。お客様の質問に、なんとなく覚えていた知識でおぼろげな回答をしてしまった後、正しい答えや、もっとうまく解決できる方法を見つけたら「先日の回答は間違っていました」「もっと良い解決方法が見つかりました」ときちんと言えるには、「分からないことは恥だ」と思ってはいけないのです。

「今は、はっきりとは分からないので、きちんと調べてから連絡してもいいですか？」と言えることが、信頼を得ることにつながるのです。

こんなことを言っていると、お客様からなめられるのではないかなどと心配される方もいるかもしれません。しかし、そもそも税理士は「偉い職業」というわけではありません。むしろ「この人でも知らないことがあるのだ」と思われるほうが、お客様からは親しみやすいと思ってくれることが多々あります。

分からないことは正直に分からない、と言えるようにしておく心構えはとても大切です。

（３）所長１人だけでは達成できない「思いやり」

「分からないことを分からない」と言えるのが誠実さで、「分からないがきちんとお調べします」というのが諦めない姿勢だとしたら、思いやりとはいったいどう表せばいいのでしょうか。

これは所長１人、税理士１人だけが意識していてもお客様に伝わりません。もちろん誠実さや諦めない姿勢も１人でどうにかなるものではありません。しかし、思いやりは、特に横のつながりによって生み出せるものなのです。

例えば、１人の担当者が休みの際にそのお客様から緊急の用事で電話がかかってきたとします。そのときに電話を取ったスタッフが「担当者がいないので後日お掛け直しください」としか返せないような事務所があるとします。

一方で、横のつながりがしっかりとできていて、かつ、情報共有がなされている事務所では、「担当者は今不在にしていますが、私でよければ代わりにお聞きます。私ではお答えできない点は担当者からお電話させていただきますがいかがでしょうか？」と返すことができます。

お客様からすると、どちらがいいのでしょうか。言うまでもなく後者です。

これは1人が気をつけていれば達成できることではなく、事務所全体が事務所内外を問わず「思いやり」の気持ちを意識しているからできるのです。

後で詳しく紹介しますが、私の事務所では「オモバカ・スピリッツ」という行動指針を設けています。それを実践していくことで普段から事務所内外を問わず、お互いに誰でも「思いやり」の精神で接する工夫をしています。

当事務所のような小規模の事務所は、スタッフ1人ひとりの頑張りが多大な影響を及ぼします。その代わりに、1人ひとりの重要度も影響力も大きくなり、替えが効きません。その分、横つながりの意識統一や、個々のコミュニケーションというのをとても重要に考えています。

また、事務所でのコミュニケーションが円滑だと、お客様1人ひとりの状況や対応を普段のコミュニケーションの中で共有し、結果として担当のお客様という認識ではなく、事務所のお客様という意識で対応することができるため、1人が休んだときでも対応がスムーズに取れるのです。

思いやりの循環は事務所内だけに止まらずお客様にもきちんと伝わります。だからこそ、所長１人で頑張るのではなくスタッフ全員が思いを共有することで、他の事務所にはない暖かさが生まれ、お客様からも「この事務所に頼んで良かった」と言ってもらえるようになれたのだと自負しています。

まとめ

○税理士は「サービス業」！
先生業ではないという意識を持とう。

○知識も大事だが、その前にコミュニケーション力や熱意・姿勢といった部分を重視しよう。

○まずは自分の、そしてゆくゆくは事務所全体に広がる意識改革をしていこう。

第5章
業種特化に向けた実践①
業種を絞り込む

前章までの検討で、税理士事務所が生き残るには「業種特化による差別化」が不可欠であることが分かっていただけたと思います。

業種特化型の税理士事務所をつくるにあたり、どんな業種を選択するかは最も重要であることは言うまでもありません。この選択を間違えると、事務所の運営がままならない事態に陥る可能性があります。頭を悩ませることでしょう。

本章からは、税理士事務所の業務特化には何が必要で、どのように進めていけば良いかを検討していきたいと思います。

【レッドオーシャンとブルーオーシャン】

まず、業種の選択をマーケティングの観点から掘り下げたいと思います。レッドオーシャンとブルーオーシャンは、「市場の状況」を海に喩えたビジネス用語です。

それぞれ日本語に訳すと「赤い海」「青い海」になります。レッドオーシャンは「血で染まった赤い海」、ブルーオーシャンは「まだ血で染まっていない青い海」を意味します。

ビジネス上の意味合いは次の通りです。

(1) レッドオーシャン

レッドオーシャンは、既に激しい価格競争が行われている市場（マーケット）のことを指します。レッドオーシャンのビジネス市場（マーケット）では、日々熾烈な戦いが強いられています。

ビジネスでは、「マーケット」「プロダクト」「ライバル」の三者間（マーケティングの３C）を理解することが必要です。

「マーケット」と「プロダクト」と「ライバル」の三者が重なる部分は、ライバルとの競争が生じている「レッドオーシャン」の領域です。

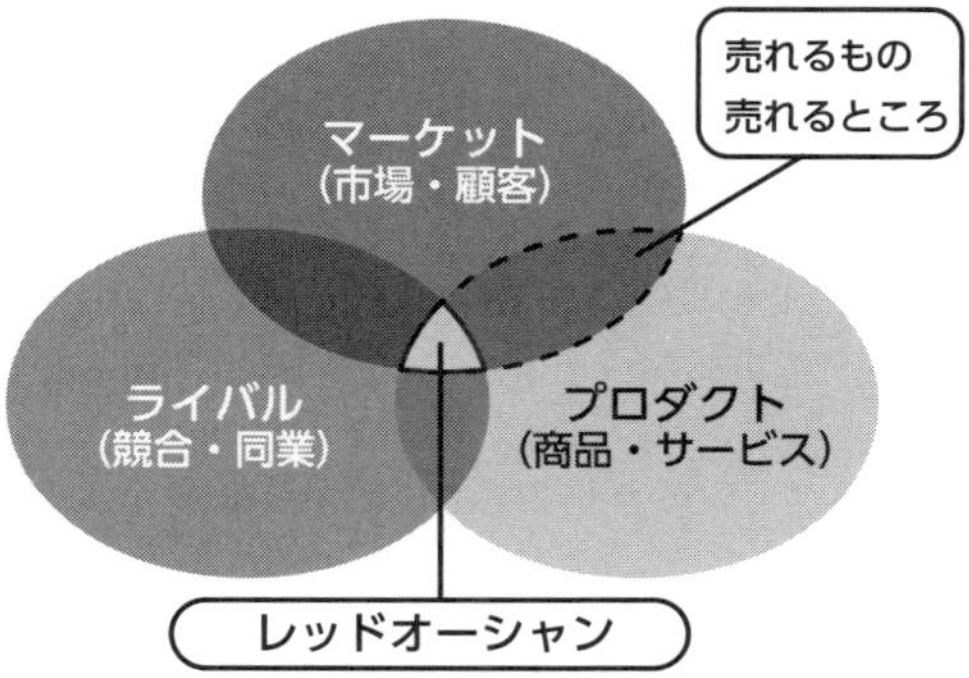

(2) レッドオーシャンの特徴

レッドオーシャンは、マーケットが大きく、プロダクトが一般消費者へ浸透していますので、ビジネスを継続的に行うことができるというメリットがあります。

反面、ライバル会社が多いため、価格競争で薄利多売を強いられる可能性があります。利益率向上施策としてサービスの拡充を図っても、他社とのサービスの違いを消費者は見出すことができず、結局、価格の安い会社が選ばれます。また、ライバル会社が多いので、自社をＷＥＢ上で認知させるため広告を利用する必要があり、高いコストが発生するなどのデメリットがあります。

(3) ブルーオーシャン

ブルーオーシャンは、ビジネスの競争相手がいない未開拓市場のことを指します。ライバルが重ならない「マーケット」と「プロダクト」の重なる領域が「ブルーオーシャン」です。

(4) ブルーオーシャンの特徴

ブルーオーシャンはライバル会社がいない、まだ小さいマーケットなので、付加価値の高いプロダクトを提供でき、利益率が高いことがメリットです。

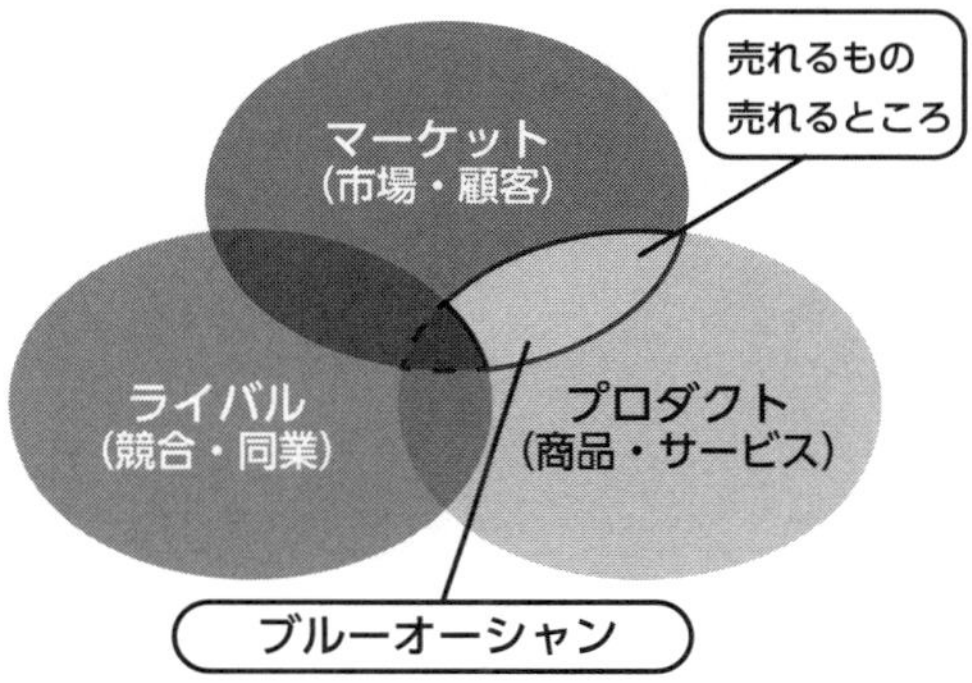

しかし、新規参入が続けばレッドオーシャン化することも予想されます。また、ライバル会社が少ない状況でも、マーケット自体が成熟していないため市場が縮小することもあり、売上が落ちてしまうというデメリットがあります。

（５）レッドオーシャン戦略、ブルーオーシャン戦略

「レッドオーシャン戦略」と「ブルーオーシャン戦略」は、ＩＮＳＥＡＤ（欧州経営大学院）教授のＷ・チャン・キムとレネ・モボルニュが提唱した経営戦略論です。

レッドオーシャン戦略は、ライバルとの競争が生じている既存市場で、「競合他社を打ち負かし、いかにシェアを拡大させるか」を考え、主に「差別化」と「低コスト化」のいずれかを選択していく経営戦略です。

ブルーオーシャン戦略は、「隠れた需要を見つけ出し、新たに競争の無い市場を創造していく」という視点か

レッドオーシャン戦略	レッドオーシャンでの競争に打ち勝つ経営戦略
ブルーオシャン戦略	ブルーオシャンを新たに創造する経営戦略

ら、「差別化」と「低コスト化」の双方を妥協せずに追求していく経営戦略です。

なお、ブルーオーシャン戦略を理解する上で、本質を履き違えてはいけないのは、「誰もやっていない事をやればいい」という間違った解釈です。この戦略において重要なのは「誰もやっていない事をやる」のではなく、「新たな需要を創り出す」ということが重要なポイントです。

どちらの戦略を選んだとしても、様々な業種をリサーチし、差別化と低コスト化の追求が必要です。さっそく、リサーチを始めてみましょう。

「興味で選ぶか、知識で選ぶか」

(1) 業種の動向を掴む

業種特化の業種選択では、「興味のある業種」を選ぶ方法と「知識が活かせる業種」を選ぶ2つの方法があります。いずれの方法を選択しても、業種の動向や経営実態を把握することが大切です。そして、税務以外の経営に関する情報提供やコンサルティングを行うことができれば、その業種の専門税理士として確固たる地位を築くことが可能です。もちろん、他の専門家と協力することも有効です。

税理士事務所のお客様対象となる業種（主に中小企業）を、以下に列記します。

	食料品・飲料製造
	繊維製品製造
	木製品・家具製造、印刷業
	医薬品・化粧品製造、プラスチック製品製造、ガラス製品製造、その他化学
	金属加工製品製造
	電気機械器具製造、産業用機械器具製造、精密機械製造
	建築請負、造園、土木、水道工事、設備工事
	不動産売買、仲介、賃貸
	ハイヤー・タクシー、運送、引越専門業者
	衣料、医薬品・化粧品、家庭電器・家具、スーパー、コンビニ、ドラッグストア
	アウトドア用品、電気器具、青果、一般食品
	旅館・宿泊施設、 娯楽、 冠婚葬祭、洗濯・理容・美容
	学校法人・学習塾
	日本料理、高級クラブ、焼肉、寿司、ラーメン、居酒屋、給食・飲食宅配
	芸能プロダクション、CM制作、演出家、司会者、歌手、作曲家、 プロスポーツ選手
	病院、診療所、歯科診療所、医師会、調剤薬局、接骨院、介護サービス、 保育園
	弁護士、司法書士、社会保険労務士、一級建築士
	ソフトウェア開発、アプリ開発、ホームページ制作、ＳＥ
	情報・通信 、出版・広告、人材派遣、経営コンサルタント、保険代理店、 広告代理店、ガソリンスタンド、警備業、ビルメンテナンス業

【業種一覧表】（参考）

製造
建設
不動産
運送
小売
卸売
生活・レジャー
教育
飲食
芸能・音楽・スポーツ
医療・福祉・介護
士業
ＩＴ
その他

このように多くの業種が挙げられますが、それぞれ経営実態をリサーチすることが重要です。参考までに、建設業（住宅）・運送業・飲食業（居酒屋）のリサーチ例を紹介します。

【建設業（住宅）】

最近の業種動向

●新設住宅着工戸数は上昇

国土交通省「建築着工統計調査」によると、平成28年度の新設住宅着工戸数は97万4137戸と、前年度比5・8％上昇している。富裕層向けの注文住宅や中堅層向けの分譲住宅が好調で、相続税の節税対策などでアパートなどの貸家も伸びている。

業種の特性

●建築工事業の許可業者数

国土交通省「建設業許可業者の現況」によると、建築業の許可業者数は平成29年3月末現在で15万4808業者と、前年度の15万8263業者に比べて2・2％減少した。

●分類

住宅は注文住宅と分譲住宅に大別される。注文住宅は、顧客の要望に応じて設計から行い、自由度が高い反面、手間や時間がかかる。分譲住宅は、建売住宅とも呼ばれ、販売会社の土地にあらかじめメーカーが建てた住宅で土地と建物を一括購入するものである。注文住宅の建築会社は、住宅メーカー、工務店を組織するフランチャイズ会社、地域ビルダー、工務店、設計事務所がある。

●住宅の選択理由

国土交通省の「住宅市場動向調査」によると、注文住宅取得世帯の住宅選択理由は「信頼できる住宅メーカーだったから」が４９・２％で最も高く、前年度より１・６％上昇した。住宅の安全性・信頼性を重視する層が増加していることがうかがえる。

今後の将来性

●将来性

平成29年は、住宅ローン金利が引き続き低水準なため、戸建住宅の着工は堅調である。しかし、マイナス金利の効果も限定的で、少子高齢化や人口減少、平成32年以降の世帯数減少などを背景に、住宅市場は縮小が予想される。その中でも、高級戸建て住宅やスマートハウスなどが注目されている。

性能や価格などで独自性を確立することで、売上・収益につなげていく必要がある。

経営に関する課題

●労災、過労死について

労働災害による死亡者のうち建設業は約30％を占めている。中でも「墜落・転落」「崩壊・倒壊」「激突」「はさまれ・巻き込まれ」が代表的な死亡事故のケースである。

また、ある会社では、月200時間を超える残業をして精神障害を発症し過労自殺した社員の遺族が、会社と国を相手に賠償請求訴訟を起こした。安全配慮義務に対する意識が向上する中、本人、遺族からの民事賠償請求は高額化しているので、安全衛生管理体制の整備が不可欠である。

【運送業】

最近の業種動向

●ドライバー不足が深刻化

トラック輸送は、鉄道や海運などの輸送手段に比べ利便性や機動性に優れているが、トラックの運転手不足が深刻化している。そのため、長距離のトラック定期便を鉄道輸送に切り替え効率化を図る会社もあり、他の物流会社にも広がる可能性がある。

●荷主とドライバーを仲介するサービス

中小運送会社などが、荷主とドライバーを仲介するシェアリングサービスに相次いで参入している。ドライバーの空き時間を有効活用でき、荷主は迅速に荷物を運んでもらうことができる。中小運送会社は、大手からの下請け業務が多く、繁忙期に仕事が集中する。そのため、仲介サービスを通じて、安定的に仕事が見つけやすくなるメリットがある。

業種の特性

●事業者数

国土交通省の資料によると、平成27年度の地場トラック業者は６万２１７６社で、前年度の６万２６３７社と比べると４６１社減っている。

●分類

トラック輸送には自家の貨物を輸送する自家用トラックと他者の貨物を有償で輸送する営業用トラックがある。営業用トラックは貨物自動車運送事業と特定貨物自動車運送事業に大別され、さらに一般貨物自動車運送事業の中の１つの形態として特別積み合せ貨物運送がある。

●積載量によるトラックの3種類

トラックは、積載量に応じて大きく3種類に分けられる。積載量が2トン以下の車両を小型、

4トン級を中型、10トン級を大型と呼ぶ。中型と大型を合わせて普通トラックと呼ぶ。

今後の課題

●課題

トラック運送事業は、運転手不足から人件費が増加し経営を圧迫している。特に車両10台以下の事業者が営業赤字を計上している。そのため、物流大手では取引企業に対し値上げを要請する方針も出している。運転手不足で配送を外部に委託する費用が増えているのが原因。これを受け、中小の運送会社もコストに見合った運賃を荷主に求めやすくなるとみられる。

経営に関する課題

●長時間労働のリスクが増えている

ドライバーの労働時間が恒常的に長い事業者では、過労運転による事故リスクが高いだけでなく、事業停止等行政処分のリスクも高くなる。

●過労やメンタルヘルスへの対応

道路貨物運送業は、脳・心臓疾患や精神障害に係る労災認定件数がワースト1位。従業員へのストレスチェックの対応も義務化されている。

●ドライバーを確保できない事業者が増えている

仕事はあるのにドライバーが確保できないなど、「人材確保」が事業発展の阻害要因になっている事業者が増加している。人事労務諸制度の見直しが必要なケースもある。

【飲食業（居酒屋チェーン）】

最近の業種動向

●市場規模は１兆77億円で前年比４・９％減

居酒屋チェーンの業績が低迷している。日本フードサービス協会によると平成28年の居酒屋・ビヤホール等の市場規模は前年比４・９％減の１兆77億円となった。

●既存店のてこ入れ

既存店が低迷している居酒屋チェーンでは、新規出店を減らし既存店のてこ入れに注力しているところもある。また、人気メニューを他店でも扱うようになったため、主体メニューを変更するなどの措置を取っている。

業種の特性

●酒場・ビヤホールの事業所数、従業員数

「経済センサス－基礎調査」によると、平成26年の酒場・ビヤホールの事業所数は12万9662事業所、従業員数は69万1478人である。

●居酒屋チェーンの店舗数

日経流通新聞の調査による上位15社の店舗数だけでも7551店舗あり増加傾向。各社はスクラップ&ビルドを進め、不採算店の閉鎖と新規出店が積極的に行われた結果といえる。

●参入しやすい業種

居酒屋は特別な経営ノウハウ、経験を持たなくとも、少額の資金でも参入しやすい業種といえる。一方で立地によっては、大手チェーン店を含む多くの店舗との競合が予想されるため、消費者の支持を得られない居酒屋は早期に淘汰されるリスクもある。

今後の課題

●課題

居酒屋チェーンでは、人手不足と立地環境の良い場所における賃料の上昇や高止まりが経営の負担となっている。人員確保はコスト面のハードルが高まりつつある。また、人手不足の中で

営業時間の短縮を余儀なくされている。人材を確保し、かつ定着率を高める方法の模索が、継続的な課題となっている。

経営に関する課題

●従業員の時間外手当は適切に支払いしているか

時間外手当を支給していない、あるいは支給額が不足している企業は、未払い残業代を請求されるリスクがある。未払い残業代の時効は2年であり、かつ、一般的に飲食業は長時間労働であることが多く、争いになると多額の未払い残業代を請求されることがある。

また、店長や料理長について、管理監督者として残業代の支給対象外としている企業があるが、近時の判例では管理監督者性を否定されているケースが多くなっている。

●従業員にとって働きがいのある制度になっているか

出店がペースダウンし、ポストが不足する中で、能力・スキルの高い人材に適切な処遇ができていないケースがある。その結果、やる気が低下し高い能力・スキルが発揮できず、店舗の業績や雇用力、従業員の定着率が低下するリスクが生じる。

以上のように、各業種の動向や経営実態を把握することで、税理士としてどのように関わることができるのか、他の専門家とも協力して経営のコンサルティングも行いたいなど、興味のある業種が見えてくると思います。ご自分で他の業界もリサーチしてみましょう。

(2) 興味のある業種で選ぶメリット・デメリット

興味のある業種に特化すれば、税理士としての立場だけでなく、経営者としての目線で経営をサポートすることができるようになります。課題が見つかれば解決するための施策を立案し、他の専門家の協力を得ながら課題解決に尽力することになります。

その結果、顧問税理士に対するお客様満足度は高くなります。そして、お互いに円滑なコミュニケーションを図ることができるようになり、信頼し合える同士として長く付き合い続けられる存在になるでしょう。

さらには、業種特化をすることで会計業務を定型化することが可能になり、事務所の業務効率が上がり業務品質も高まります。

一方、他業種の顧問契約の依頼に応えられないなど、機会損失を生むデメリットもあります。さらに、特化した業種の市場が伸び悩むことで顧問数が減り、事務所経営が危ぶまれることもあることを念頭におきましょう。

	資産税が得意	融資が得意
業務特化	相続税対策 相続税申告	創業融資 短期借入れ（運転資金）
対象業種	地主・不動産オーナー 中小企業オーナー経営者 開業医	融資が必要な業種のスタートアップ 高額な在庫を抱える必要がある業種

(3) 知識が活かせる業務で業種を絞るメリット・デメリット

自身が知識をもつ得意分野で業務特化することにより、業種を絞り込む戦略が考えられます。資産税が得意なら、相続税申告や相続税対策の業務で地域ＮＯ．１を目指すのもいいでしょう。また、金融機関等に勤務経験があり、貸付けの業務経験があるなら、銀行融資に強い税理士として地域ＮＯ．１を目指すのもいいでしょう。明確な業務特化ができれば、その業務やサービスを必要としている業種を絞ることができます。ただ、ある程度の絞り込みはできますが、細かな絞り込みができるまでには至りません。

確かに、細かく絞り込めないので業種の対象範囲が広くなり機会損失を避けることはできますが、一方で、差別化が難しく、その業種で地域ＮＯ．１税理士になることは難しいでしょう。

【最後はストーリーを語れる業種を選ぶ】

インターネットが普及した現代では、税理士事務所のサービス内容や料金体系を簡単に確認することができます。そのため、各事務所は価格競争で負けないように価格差を埋めるため、料金には大差が見られなくなっています。価格もサービスも事務所地域も同じ条件であれば、どのような税理士が選ばれているのでしょう。

その答えは、信頼とブランドのある税理士事務所です。

人は疑いから入る生き物です。簡単には人を信頼しません。相手から信頼して欲しいと言われると、逆に疑いを持つものです。

そこで、効果的なのが自らの「ストーリーを語る」ということです。語るストーリーに、聴き手や読み手に共感し感情移入していただくのです。

そのとき、自分の経験や体験を包み隠さず語ることが大切です。

(1) 語るべき内容

ストーリーで語るべき内容は、カンパニースピリッツ（経営理念）とミッション（使命）です。具体的な内容を確認してみましょう。

○カンパニースピリッツ（経営理念）
・業種特化税理士事務所を開業した理由
・絶対に譲れないこだわり
・自分の事務所ならではの特長
・仕事（依頼）を受ける基準　等

○ミッション（使命）
・世の中に対して果している使命と存在意義
・親に誇れるほどの大いなる役割
・どうしてもやりたいと腹の底から思えること
・これまでに達成感を感じたことや成果を出したこと　等

カンパニースピリッツとは経営理念のことです。税理士を目指した理由や独立のきっかけ等、熱意や人柄を伝える重要な部分です。

ミッションは、お客様への明確な使命です。どんな期待に応えられるのか、どんなベネフィットを与えられるか等を分かりやすく伝える重要な部分です。

このカンパニースピリッツとミッションを語り続けると、お客様からも信頼されるようになり、ブランド力も向上していきます。ホームページやセミナー、お客様との面談、社員への研修や会議の場など、これらを語る場を数多くつくっていくことで、世の中に知られるようになります。その結果、事務所のブランド力が向上していきます。

また、カンパニースピリッツとミッションだけでなく、会社の目指す最終的なゴールである「ビジョン」、ミッションやビジョンに向って行動するための社員のあり方、価値観を記した「バリュー」、社員1人ひとりの信条や行動指針を記した「クレド」を定め、そのストーリーを語り続けていくことも重要です。

(2) ストーリーを語れる業種かどうか

業種を絞るにあたり、先にマーケティング、興味や知識という方向から検証しましたが、最終的に行きつくのは、このストーリーを語れる業種かどうかではないかと私は思っています。お客様に知識や経験を語っても、このストーリーを語れなければ、本当の意味で信頼を得ることはできません。「先生は結局お金のためにやっているだけか」と思われて、腹を割って話をしてくれません。

私は、ストーリーが語れるからこそ、大家さん専門を選んだと言っても過言ではありません

・経営難に陥っている実家のアパート経営を引き継いで立て直した経験
・そのときの顧問税理士が何もアドバイスしてくれなかった経験
・賃貸経営こそお金の管理をしないと経営が難しくなると感じた経験

そして、

・自分が大家さん専門税理士となって、悩める大家さんを救いたいと決意したこと

すべてストーリーで語れる。私こそ、大家さんに一番共感できる存在と思ってくれるのではないか。今から思うと、開業時に迷わず、大家さん専門税理士の看板を掲げようと行動したのも、この「ストーリーが語れる」という強みがあったからです。

私のように、その業種を経験していなくてもいいと思います。

どうしてその業種を選んだのか。

それによって何を成し遂げたいのか。

熱く語ることができる業種を選ぶことが、成功への近道です。

ちなみに、当事務所のミッションは、「三世代継続する賃貸業を支える」です。相続が3回続くと財産がすべてなくなると揶揄されますが、そうならないように三世代以上続く賃貸経営にしてもらうためのサポートをしていきたいという想いです。

まとめ

○ブルーオーシャンとは、「誰もやっていない事をやる」のではなく、「新たな需要を創り出す」という戦略である。
○知識が活かせる分野で業種の絞り込みをすると業務の特化になってしまう。興味のある業種で絞り込みをすれば業種特化ができ、競合との差別化もしやすい。
○最終的にはストーリーを語れる業種であるかどうかで選ぶべきである。

第6章
業種特化に向けた実践②
集客する

ここまで読み進めてきた読者であれば、すでに業種を絞り込み、ストーリーを語る準備はできたかもしれません。しかし、業種が決まっても、ストーリーを語る場所や語る相手がいなければ、その業種の専門税理士として認知されることはありません。

本章では、マーケティング知識が少なくても、お客様を集客するための方法が実践できるように、集客の基本的な仕組みや具体的な手法を紹介します。

［ブランディングで営業いらず］

(1) 集客のマーケティング

集客方法を考えるとき、どんな方法を思い浮かべますか?

飛込み営業、ティッシュ配り、チラシのポスティング、FAX―DM、ダイレクトメール、マスマーケティング（CM、新聞広告）、テレマーケティング、WEBマーケティング、

ＳＮＳマーケティング、紹介マーケティングなど、様々な方法があります。どの方法が効果的かは、ビジネスモデルやターゲットとなるお客様により異なるので、やみくもに手を付けるのは得策ではありません。慎重に検討することが必要です。

比較的コストが低いＷＥＢマーケティングやＳＮＳマーケティングは、現代流行のマーケティング手法ですから、集客の仕組みを理解した上で取り入れていくべき手法になります。

ＷＥＢマーケティング、ＳＮＳマーケティングは、お客様が自分の目で見て、問い合わせがしたいと思えるかが鍵です。

そして、時代の変化に影響せず、流行や廃れもない最強のマーケティング手法が、紹介マーケティングです。紹介者が、自分の大切な人をあなたへ紹介したいと思えるか、あなたへの「信頼」が不可欠です。

この、ＷＥＢマーケティング、ＳＮＳマーケティング、紹介マーケティングの３つを実践する上で共通に必要になるのが、ブランディング戦略です。

(2) ブランディング

ブランディングは、税理士個人、税理士事務所、さらには提供するサービスに対する共感や信頼などを通じて、お客様にとっての価値を高めていくマーケティング戦略です。

〈ブランディングがもたらすもの〉

・競合からの差別化
・親しみや信頼が増す
・価格競争からの回避（競合と比較されない）
・価格プレミアムの獲得（競合より高くても依頼される）
・プロモーションコストの削減（販売促進活動のための経費が削減される）
・お客様からお客様が紹介される。
・お客様ではないファンからお客様が紹介される。
・セミナーや書籍などの執筆が、高単価で依頼される

このように、ブランディングを行うことで、価格競争を回避でき、お客様を紹介され、セミナーや執筆が高単価で受託でき、受講者や本の読者が新規のお客様になるという流れができます。そうすると、営業いらずで、お客様が増えていく仕組みができてきます。

ブランディングは、経営学者ピーター・ドラッカーの名言「優れたマーケティングは、セールスを不要にする」マーケティング戦略なのです。

（3）ポジショニング

ブランディングを行うにあたり、ポジショニングを固めることが不可欠です。「ビジネスの成否の80％は、このポジショニングで決まる」とさえ言われます。ライバルだらけのレッドオーシャンで戦うか、ブルーオーシャンを狙うのか、ポジショニングの仕方によって結果が大きく異なります。

ポジショニングは、「大ポジション」⇒「中ポジション」⇒「小ポジション」と徐々に絞り込んでいきます。当事務所のポジショニングは、上記の通りです。

絞り込むということは可能性を切り捨てることでもあり不安になります。しかし、絞り込めば絞り込むほど情報発信力が高まり、結果的に集客に繋がります。

ポジショニングは、税理士ビジネスの方向性を決める非常に大切な行程です。検討する際は、お客様の視点に立つことが大切です。「お客様から共感や納得が得

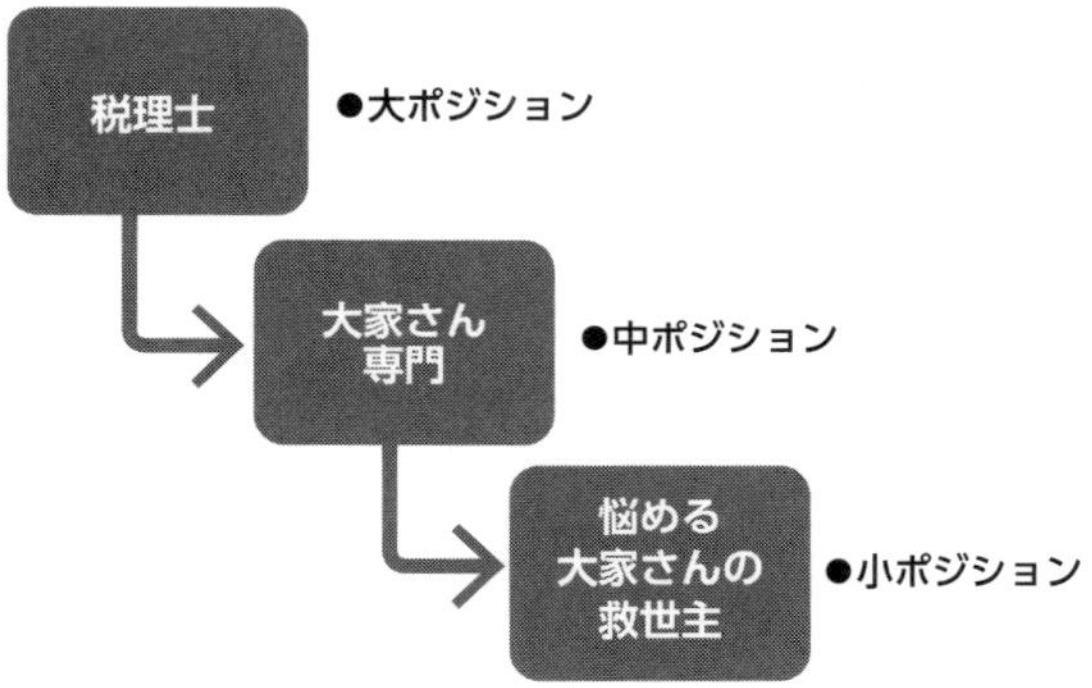

られるポジショニングになっているか？」、お客様に受け入れられて、初めて競合優位性ができます。また、カンパニースピリッツ（経営理念）やミッション（使命）のイメージとの整合性がとれていることも重要なポイントとなります。

「まずは認知してもらうことから始める」

(1) 集客するためのマーケティング知識

マーケティングの構図の全体像は、左図の通りです。

① 見込み客を集める
② 信頼関係を作る
③ セールスをする

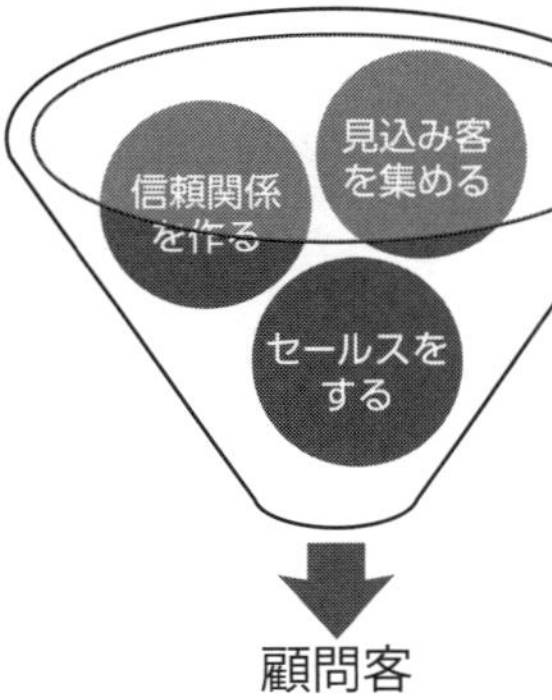

見込み客を集める

最初に最大の難所である「見込み客を集める」があります。

これができなければ何も始まりません。まずは、「誰に」、「何を」、「どのように伝えるか」、この3要素を考えることから始めます。

誰に ⇓ これがターゲットです。

何を ⇓ これが商品・サービスが持つ「メッセージ」です。

どのように伝えるか ⇓ これが実際にマーケティングを仕掛ける部分です。

ここで重要な役割を担うのが、商品・サービスが持つ「メッセージ」です。メッセージはキャッチコピーになる部分です。メッセージが弱いと、その後の「どのように伝えるか」が意味をなしません。いくらメルマガを発行したり、広告を打ったりしても、元々のメッセージが弱ければ、インパクトがなく、お客様の心に響かず、記憶にも残りません。そのため、マーケティングを仕掛けるには、メッセージ（キャッチコピー）が非常に重要となります。

〈メッセージの作り方〉

メッセージは、キャッチコピーの雛型を活用すると、誰でも簡単に作ることができます。

雛形：『○○を手に入れて、◎◎になる方法』

『○○』には、〝あなたが提供するサービスによって得られる結果〟、そして『◎◎』には、その結果を手に入れることで、〝さらに得られる最終的な結果〟が入ります。いわゆる、「ベネフィット」と言われるものです。

例えば、デール・カーネギーの有名な「人を動かす」の本の元々のタイトルは、

英　語：『How to win friends and influence people』

日本語：『友達を増やして影響力のある人間になる方法』

です。

友達を増やすベネフィットと影響力のある人間になるベネフィットが入っています。このキャッチコピーで広告を出し何百万冊も売れたそうです。

税理士事務所であれば、『税金を減らしてお金を貯める方法』が考えられますし、当事務所であれば、『賃貸経営を改善して手残りが増える方法』もメッセージになります。

ターゲットとなるお客様に対して魅力的なメッセージを作成しマーケティングを仕掛けていくと、集客が成功しやすくなります。

具体的に仕掛けるマーケティングについては後述しますが、見込み客集めをする前に、ポジショニングを固め、魅力的なメッセージを作成することが大切な工程になります。

信頼関係をつくる

マーケティングの構図2つ目は、「信頼関係をつくる」です。

見込み客に有益な情報を提供し続けることで信頼関係をつくっていくのです。有益な情報は、実例に基づいた記事やセミナー情報などです。

ここで重要なのが、メールマガジンの活用です。メールマガジンは、こちらから見込み客に直接情報を届けることができる素晴らしいツールなので、信頼関係づくりはメールマガジンを軸にするといいでしょう。

セールスをする

構図3つ目は、「セールスをする」です。

セールスは、見込み客と実際に対面できたときに行うことになるので、無料相談会などでアプローチをすることになります。ここでいうセールスは、「売り込みをする」ということではありません。むしろ、税理士などの士業は「売り込みをしない」ほうがセールスの効果があります。

そのため、無料相談に来られた見込み客に何かメリットある提案ができそうであれば、後日、提案のご説明にうかがい、条件面の摺り合せで成約につなげていくことになります。

（2） 集客するために必要な活動

マーケティングの全体像は上記の通りですが、見込み客を増やすには、事務所が認知されるように積極的に行動することが求められます。ジーッと待っていても見込み客が来店する時代ではありません。

以下で、どのような行動が必要かを紹介します。

〈オンラインマーケティング〉

税理士を含めたコンサルティング型のビジネスでは、オンラインマーケティングを効果的に行う方法として、以下の3つが必要だと言われています。

① ブログ
② メールマガジン
③ ホームページ（ランディングページ）

ブログに記事を投稿して見込み客を集め、メールマガジンで有益な情報を届けて信頼関

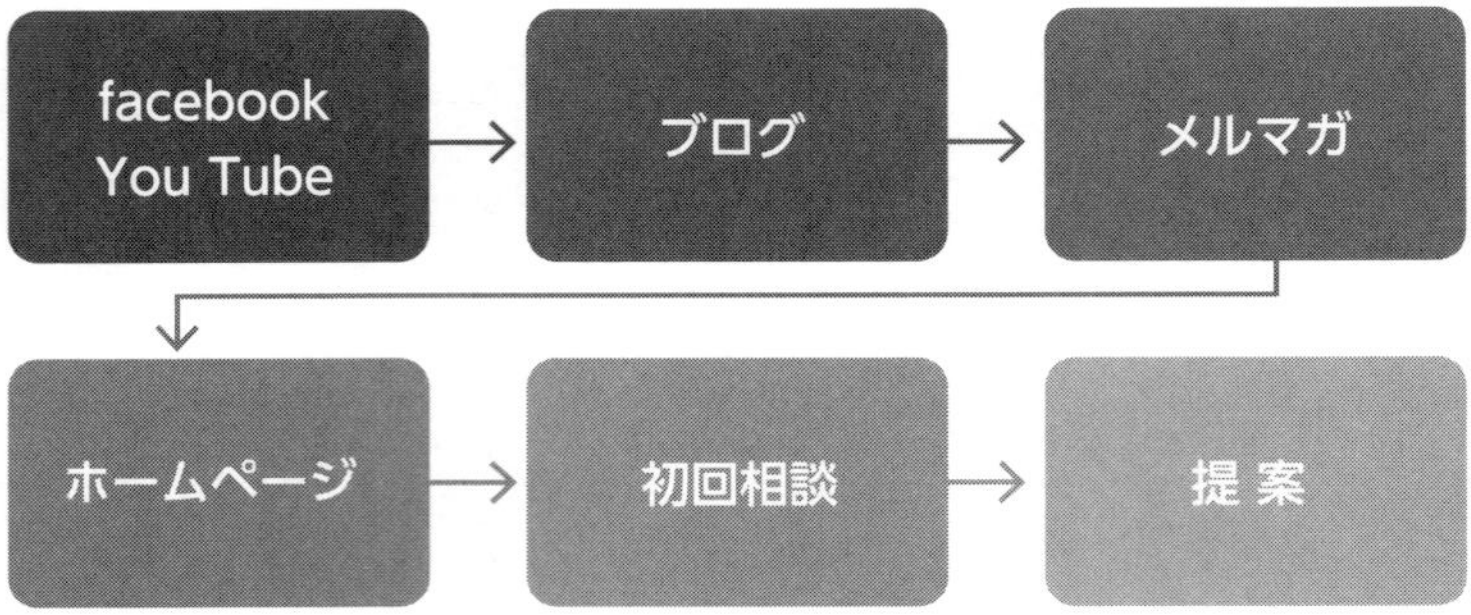

係をつくっていく。そして、ホームページ内でセールスをして問い合わせを受けるのが、オンラインマーケティングの流れです。

facebookやYouTubeなどのSNSの活用も有効です。SNSは双方向でのつながりを無料でつくることができます。時間と手間もあまりかからないので、SNSの発信からブログの記事閲覧に繋げたり、SNSからメールマガジンの登録に繋げたりするのが得策です。

〈オフラインマーケティング〉

オフラインマーケティングは、ターゲットである見込み客が集まる場所を徹底的にリサーチすることから始まります。

・どんな団体に所属しているのか
・どんな交流会に参加しているのか
・どんなサービスを利用しているのか

・自分と同じターゲット層の見込み客を抱えている異業種は何か
・ターゲット層のお客様は誰か

リサーチができたら、効率よく見込み客と会って成約に繋がるように事前準備を行います。自分が何者で、どんなことができるのか、会う人たちに記憶してもらうように、分かりやすいレーザートークを作り、名刺やチラシ、セミナーで自己紹介します。

例えば、セミナーで普通の自己紹介をすると、このような感じでしょう。

「はじめまして。大家さん専門税理士の渡邊浩滋総合事務所の渡邊と申します。お客様の99%が大家さんですので、賃貸経営に関するノウハウや実績は、他社よりもあると自負しております。もしよろしければ、ご質問だけでも結構ですので、お気軽にお問い合わせ下さい」

レーザートークを加えると、次ようになります。

「はじめまして。大家さん専門税理士の渡邊浩滋総合事務所の渡邊と申します。私たちは、賃貸経営で悩んでいる大家さんの救世主となるべく、税務サービスを行っています。もし、賃貸経営に困っていて、税金が高い、返済が苦しい、お金が貯まらない、そんな状態であるならば、私どもの事業改善シミュレーションは非常にお役に立てるサービスだと思います。」

「シミュレーションやお見積りは、毎月5名限定で無料にて行っております。5年後、10年後、20年後の不安がなるべく解消できるように、長期安定経営の提案もさせていただきます。」

「まずは、私どもの事務所の経験や実績を知りたいというお客様のために、無料のメルマガ会員もご用意しております。さらに、今月末まではメルマガ登録のキャンペーンを行っておりまして、直近で実施しましたセミナーのレジュメを無料でプレゼントをしています。是非ご登録ください。」

どちらの自己紹介が記憶に残るでしょうか。答えは明白です。レーザートークをチラシやホームページに掲載する場合は、さらに盛り込んで欲しい内容があります。以下を参考にレーザートークを作成してください。

〈レーザートークに盛り込む内容〉

① ポジショニングをした肩書き

② 商品・サービスのメッセージ『○○を手に入れて、◎◎になる方法』等

③ビフォーアフター（□□な悩みが◎◎に解決する）
④なぜ、私たちが、そのコンサルティングをできるのか
⑤具体的なコンサルティングの流れ
⑥他の税理士との違い
⑦お客様の声（成功事例）
⑧見込み客にまずやってほしいこと（問い合わせ等）

レーザートークが作成できたら、見込み客にアプローチするための行動を始めます。以下を参考に、積極的に動きましょう。

〈見込み客がいる場所に行く〉
・交流会に参加する。
・会員組織に所属する。

〈ターゲットが同じ異業種とのジョイントベンチャー〉
・税務のセミナー講師をする。
・税務の研修講師をする。

・税務の無料相談会を実施する。

〈見込み客を紹介してもらう〉

・友人・知人に紹介してもらう。

友人や知人には、お客様になってもらうのではなく、応援者になっていただけるようにアプローチすると、自分自身に欠けている部分を教えてくれたり、良き相談相手になってくれたりすると思います。

「お客様は、あなたのココを見ている」

(1) 学歴？ 資格？ 経験？

お客様は「専門知識」よりも「安心感」が得られる税理士を求めています。そのため、お客様の事業に興味を持ち、積極的にコミュニケーションを図ってくれる税理士には安心感を得ることができます。一般的に、顧問税理士への不満は以下のような内容です。

・話が難しく理解できない。
・こちら側の意図を的確に把握してくれない。
・相談にのってくれない。
・税理士が高圧的で相談しにくい。
・職員に対応を任せきりにしている。
・依頼した仕事の進行状況や問い合わせへの対応が遅い。

・こちらの業務内容に関心がない。
・決算対策をしてくれない。
・経営に対するアドバイスが全くない。
・こちらが質問しないと情報の提供がない。
・他の専門家とのネットワークがない。

まとめると、コミュニケーションに難がある税理士像が浮かび上がります。つまり、お客様は、円滑なコミュニケーションができる税理士を求めています。高学歴で難関資格を取得し、大手税理士法人で業務を経験しているなどは、優先的に選ぶ基準にはならないのです。

(2) あなたの姿勢、人柄

成功している人の多くは、たいていの場合、自分が接する誰に対しても、「自分」ではなく、「相手」に焦点を合わせるという戦略をとっています。この戦略を使えるようになれば、あなたは常に、お客様や従業員などの心の中で、最高に目立った存在になることができます。つまり、選ばれる税理士になれるのです。お客様のニーズを、絶えず、自分のニーズより優先させるだけでいいのです。自然と誰もが、あなたと仕事をしたがるようになります。

あなた自身も、相手が欲しがっているものや、相手の様々な行動や反応に対して、並外れた洞察力を持てるようになります。その結果、お客様や従業員が生涯の友人になるでしょうし、周囲の関係者との結びつきも深まるはずです。

お客様にサービスを「売る」のではなく、お客様に「サービスをする」という視点に心も身体も変化したとき、ビジネスは限りなく成長するでしょう。

お客様が相談をする際に、本当は何を必要としているのかを理解し、尊重しなくてはなりません。お客様が自分のニーズを上手く説明できないときは、相手が望んでいることを見つけ、そこへ導いてあげるようにする。その結果、あなたは信頼されるアドバイザーになり、お客様を守る存在になることができます。そして、お客様は生涯、あなたのお客様であり続けます。

こんな話があります。ある父親が、６歳になる息子に初めての自転車を買おうと、あなたの店にやってきたとします。

ここで、父親は何を求めているのだろうか？　ただ、自転車１台が欲しいだけだろうか？　いや、違う。父親が求めているのは、我が子に自転車の乗り方を教えるという、人生で最高に楽しい経験を２人で味わうことです。ちょうど、父親も６歳のときに、父親から自転車の乗り方を教わったように。

この父親は、自分と幼い息子の思い出づくりを求めている。息子が笑いながら通りを走り抜け、「お父さん、見て。ぼく自転車に乗ってるよ！」と叫ぶ瞬間を求めているのです。

そうと分かれば、あなたはこの親子に、最高級で、店で一番値の張る自転車をすすめるでしょうか？

あなたはその父親にぜひ、こう言わなければならないでしょう。

「小さなお子さんが初めて乗る自転車なのですから、転んだり突っ込んだりもするでしょう。安めのモデルのほうがおすすめです。」

父親は、あなたが、ただ製品を売るだけではないと気づくでしょう。その父親にとって、あなたは信頼できるアドバイザーになったのです。数年のうちに、息子には新しい自転車が必要になります。そのとき父親は、どこに自転車を買いに行こうと思うでしょうか？

どんな仕事をしていようと、策略やごまかしで相手を操ろうとせず、価値とアドバイスを与えることに努力すれば、より多くの見込み客、お客様、友人を増やすことができるのです。

ところが多くの人たちは、お客様は自社の製品やサービス、会社に惚れ込んでいるのだという間違った解釈をしています。そのため、「お客様に契約してもらうには、何て言えばいいのだろう？」と考えてしまうのです。

そうではなく、お客様の利益をあなたの利益よりも優先して考えることが必要です。「私はお客様に何を与えられるのか？　私が与えるべき利益は何か？」

お客様は、あなたのその姿勢、人柄を見ています。

まとめ

○ブランディング活動をすることで、競合との差別化ができ、高単価でセミナーや執筆の受注ができる。
また、そのセミナーや執筆業務を行うことにより、営業いらずで、お客様が増えていく。

○ポジショニングを取ることで、ブルーオーシャンでビジネスをすることができる。

○集客をするためには、SNSやブログを活用して、まずは認知されることが必要である。
そして、メルマガ会員を増やし、情報発信を続けることで信頼関係を構築していく。

○お客様は、学歴や資格よりも人柄や姿勢を見ている。
日頃から自分が接する誰に対しても、「自分」ではなく、「相手」に焦点を合わせるようになれれば、お客様から選ばれ続ける存在になることができる。

第7章
業種特化に向けた実践③
業務を定型化する

「再現性のない業務は継続できない」

(1) 生産性と効率性

安定した事務所経営には、税理士業務をビジネスとしてとらえてお客様満足度や収益性を追求することが必要です。どのようにして、これらを追求すればいいのでしょうか。

会計事務所の売上は、次の式で表すことができます。

「売上＝単価×件数」

ここでいう単価とは、主に月次の顧問報酬や決算報酬を指し、件数とは顧問先数を指しています。

お客様満足度を向上させるには、報酬に見合った価値以上のサービスを提供することが必要です。お客様が期待しているより高い価値のサービス提供ができてはじめて、お客様は満足し顧問料の単価も上げることができるのです。単価が上がれば、顧問先を絞ることが可能になります。逆に、低い価値のサービスしか提供できなければ、徹底的な低価格路線で顧客数を増やすしかありません。

収益性の面からみると、単価と件数は次のように考えられます。

単価を上げるには、付加価値の高い仕事をして生産性を上げる必要があり、件数を上げるには、同じ価値の仕事を少ない資源（時間・金）でできること、すなわち効率性を上げる必要があります。

○売上＝単価（顧問料）×件数（顧問先数）
○生産性アップ＝付加価値の高い仕事
○効率性アップ＝同じ価値の仕事をより少ない資源（時間・金）でできること

税理士事務所など「士業」は労働集約的要素が強いので、会計処理、税務処理、お客様対応を１人でこなそうとすれば、抱えられる件数には限界があります。効率性を上げて時間的な余裕をつくり出さないと、付加価値の高い仕事には取り組めません。

(2) 付加価値の高いサービス提供へ

税理士業務の付加価値とはなんでしょうか。

財務諸表の分析、経営計画書の作成、業績予測など、数字に基づくコンサルティングが付加価値の高い業務であることは、先に検討しました。

これに対して、記帳代行や税務申告書の作成など、従来税理士の業務とされてきたものは、コンピュータに取って代わられる可能性が高く、付加価値が低いとみなされています。

インストール型会計ソフトにより決算・申告時の集計作業の自動化を、クラウド型会計ソフトが記帳の自動化を、現在はＡＩが帳簿チェックの自動化を実現しようとしています。医師の診断業務ですらＡＩに取って代わられようとしている時代です。従来の税理士業務はＡＩに奪われることは避けられません。

しかし、この流れは税理士にとって悪いことばかりではありません。記帳から決算、そして申告書作成までの一連の流れが、経験や知識の無い職員でもできるのですから。当然、事務所全体としての効率性は飛躍的に向上します。その分、税理士やベテラン職員には時間の余裕が生まれ、より付加価値の高い仕事に取り組むことで、生産性を向上させることができます。

ＡＩと税理士の間には、明確な役割分担が生じます。ＡＩの役割は、経営管理情報を自動で収集し、経営判断に必要な形で可視化することです。一方、税理士の役割は、可視化された情報を的確に解釈し、クライアントに適切なアドバイスをすることです。これからの会計事務所にとって、記帳代行等の単純作業は税理士の本質的な仕事ではなくなるということです。

従来通りのサービスを提供しているだけでは、価格競争に巻き込まれることは目に見えています。ＡＩや他の業者に業務を奪われることで生まれた時間を、お客様のために使うという方向に発想を転換し、お客様１人ひとりに寄り添った価値の高いサービスの提供を目指すことこそが、税理士としての本質的な仕事と認識すべき時期にきています。

(3) 経験に頼らない仕組みの構築へ

これまで会計事務所は、経験豊富な職員が仕事を抱え込んでしまい、若手には十分な仕事が割り振られていないというのが実態でした。職員の経験に頼って業務が属人化すると、若手のマネジメントや教育もままならず、事務所全体の生産性が下がるだけでなく、ノウハウの蓄積もできません。その結果、仕事を抱え込んでいた職員が独立し事務所を構えると、お客さんがそちらに流れてしまい事務所の存続すら危ぶまれるということが度々見受けられました。

また、新たに職員を採用できても、新入職員のこれまでの経験にサービスの内容や質が左右されるようでは、もはや事務所としてのサービスとは言えませんし、お客様から信頼を得ることもできません。インターネットの発達によって事務所の情報を得ることが容易になり、お客様に満足したサービスを提供できなければ、顧問税理士を変えられてしまいます。

継続して付加価値を提供するために、経験の有無に左右されず、誰がやっても同じ内容と質の業務を再現できる仕組みをつくるほうが、サービスとして優れていることは言うまでもありません。

属人的な業務を排除し、定型的で再現可能な業務遂行の仕組みを事務所全体で構築することで、お客様が真に求めているもの、悩んでいることに、真摯に向き合うことに時間を割くことが可能になるのです。

「複雑なものを切り分け、単純作業に変える」

（1）単純化したルールが必要

事務所全体の生産性が向上すると、お客様満足度が向上するだけでなく、１人当たりの付加価値が向上し、とりもなおさず給与のアップにもつながります。また、事務所の成長も実感できるようになるでしょう。

会計事務所は労働集約性が強いので、生産性を上げるには、まず効率性を向上させることが必要であることは分かりました。そして、効率性を向上させるには、単純作業をコンピュータに任せたり、定型的な業務遂行の仕組みを事務所全体で構築したりすることが必要であることも分かりました。

業務を定型化するとは、例外や曖昧さを排除して完成品質を均一化することです。税務会計の未経験者でもＹＥＳかＮＯかを判断できる単純化（デジタル化）したルールが必要です。

（2）業務を細分化し可視化する

例外や曖昧さを排除して定型化を図るには、まずは属人化している業務を次のように可視化しなければなりません。

① お客様から資料到着⇓会計ソフト入力⇓チェック⇓修正⇓お客様へ報告という一連の業務フローを細分化し、その作業工程を可視化する。

② 次に、細分化した業務のうち、コンピュータや未経験者が代替可能な工程と経験者でないとできない工程を区別する。

③ そして、コンピュータや未経験者が代替可能な工程について、時間のかかっている作業や、繰り返しが多い作業の定型化・単純化を検討していく。

すなわち、定型化できる業務は単純作業であり、定型化できない業務は高付加価値であるということができます。最終的には、一顧客一担当ではなく、一工程一担当のイメージです。その過程では不要な作業を排除したり、作業の順番を入れ替えたり、二工程に分かれていた作業を1つにまとめたりすることが必要となります。

【業務の細分化例】

大分類　→　中分類　→　小分類

データ入力	
会計ソフト	繰越処理
	預金・現金入力
	その他入力
	システム（家賃）読込
	システム（その他）読込
源泉（7月）	資料送付のお知らせ
	従業員入力
	上半期給与入力
	上半期報酬入力
	納付書作成
	納付書送付
年末調整	資料送付のお知らせ
	下半期給与入力
	扶養申告書入力
	保険料申告書入力
	下半期報酬入力
	納付書作成
	納付書送付
	給報・支払調書等作成
	提出先追加
	給報・支払調書等送付
システム（家賃管理）	家賃入力
	会計ソフトインポート

報告書・提案書作成	
事業計画	期中予測作成
	対策提案
小規模共済	パンフ申込書発注
	パンフ申込書送付
	申込書受取
	口座確認（銀行発送）
	組合へ発送
	不備修正（本人へ発送）
	初回掛金入金案内

報告	
今期予測報告	システム（家賃）入力
	システム（資産）入力
	システム（借入）入力
	今期予測作成
	対策案
	電話（アポ）
	報告（面談・メール）

申告書作成	
申告書	概況書・内訳書繰越
	科目内訳作成
	概況書取込
	申告書繰越
	申告書作成
	原価消却の達人取込
	代理証書作成
	印刷
	チェック
	修正
	チェック
決算書	会計データまとめ
	会計ソフトから作成
	申込書に取込
	チェック
	修正
	チェック
納付書	作成
	チェック
	連絡
	送付

報告・来期の見通し	
来期の見通し	来期報酬算定
	事業計画作成
	電話（アポ）
	報告（メール・電話）
	報告（面談）
会計ソフト	確認
	総勘定元帳出力
	ファイル作成
	返却・送付
申告書等	地方税受信通知印刷
	申告書類コピー
	申告書類確認
	ファイル作成
	送付・返却（郵送）
	3期以前分PDF化
	3期以前分破棄
資料	資料選別
	必要資料コピー
	返却・送付送付
	返却保存不要資料破棄
	3期以前分PDF化
	3期以前分破棄

前頁の図は、業務の流れを大分類ごとに書き出し、さらに中分類に分け、小分類まで細分化して、業務の洗い出しをしています。

⑶ ルールを運用するためのツールとその徹底

業務を単純化して完成品質を均一化するには、細かいルールが必要です。ルールの内容については後で述べますが、このルールを運用するには、いくつか必要なツールがあります。

① マニュアル：作業内容やルールの確認をする。
② 工程・進捗管理表：作業順序・担当者・進捗状況の確認をする。
③ 指示フォーマット：顧客ごとに異なる処理方法を確認する。
④ 報告フォーマット：引き継ぎ内容の確認と、お客様への報告に使用する。
⑤ チェックリスト：完成品質を確認する。

これらが揃ってはじめて、一連の業務全体が可視化され、事前の段取りがしやすくなり、作業の重複を防ぎ、事後の検証・見直しをすることが可能になります。

ルールやマニュアルを作成する際に重要なことは、用語の定義を統一しておくことです。

同じ用語であっても人によって解釈は違いますし、経験や知識の有無によっても異なる解釈があり得ます。特に一般的なルールと異なる運用をするような場合は、用語の定義の統一を徹底しておくとトラブルを防ぐことができます。

また、マニュアルを作成する際には、作業の目的を明示することが重要です。業務を分業化する以上、今現在行っている作業は何のためにやっているのか、完成形はどうなるのかといったことが分かった上で業務を遂行しているかどうかで、完成品質に大きく影響を与えます。時には、担当者のモチベーションにも影響を与える場合があります。

さらに、ルールの徹底のためには、常に見直しと教育を反復継続していくことが必要です。ルールはＴＲＹ＆ＥＲＲＯＲで、必要なものは追加し不要となったものは削除していくことになります。職員の入れ替わりもあります。そもそも、ルールがあるのを知らなかったという事態を防ぐには、会議や朝礼で、ルールの有無を共有し、教育を継続していくことも重要です。

なお、ルールを運用するにあたって、特に注意しなければならないことがあります。それは、一連の業務全体を1人に任せてしまうと、ルールが形骸化してしまうということです。いくら厳しくルールを定めても、１人ですべての工程を行うとなると、どうしてもチェックが甘くなってしまい、属人的な業務に逆戻りしてしまいます。その意味でも、業務の分業化は必須です。

大分類 ・中分類・小分類を記載し、業務フローのどこのマニュアルかを明確にしている。

【マニュアル例】

KOJIGRAM	05.法人申告	6.申告終了後の業務	1）控え作成

定義や業務をする目的を明確化し、意思統一できるようにしている。

申告終了後の業務

（1）申告終了後の業務とは

- ［何］申告後の後処理と整理、報告をする作業
- ［なぜ］顧客への報告を円滑に行い、且つ事務所内の環境をクリーンに保つため
- ［いつ］電子申告終了後
- ［誰が］全員

（2）申告書控えの作成

準備	顧客担当者は①電子申告送信後のメール詳細、②納税額一覧表、③作成した申告書一式、④償却資産の計算明細書（申告書の別表十六の後ろに入れる）をクリアファイルへ順に揃えて入れておく

●上記と同じものを印刷して準備する

<手順>

①電子申告送信後のメール詳細

1. 達人にログイン
2. 電子申告の達人を選択
3. 国税電子申告「5.メッセージ確認」を選択
4. 法人名を入れて検索
5. 法人を選択し、「詳細」をクリック

言葉だけではなく、できる限り画像を貼り付けてわかりやすくしている。

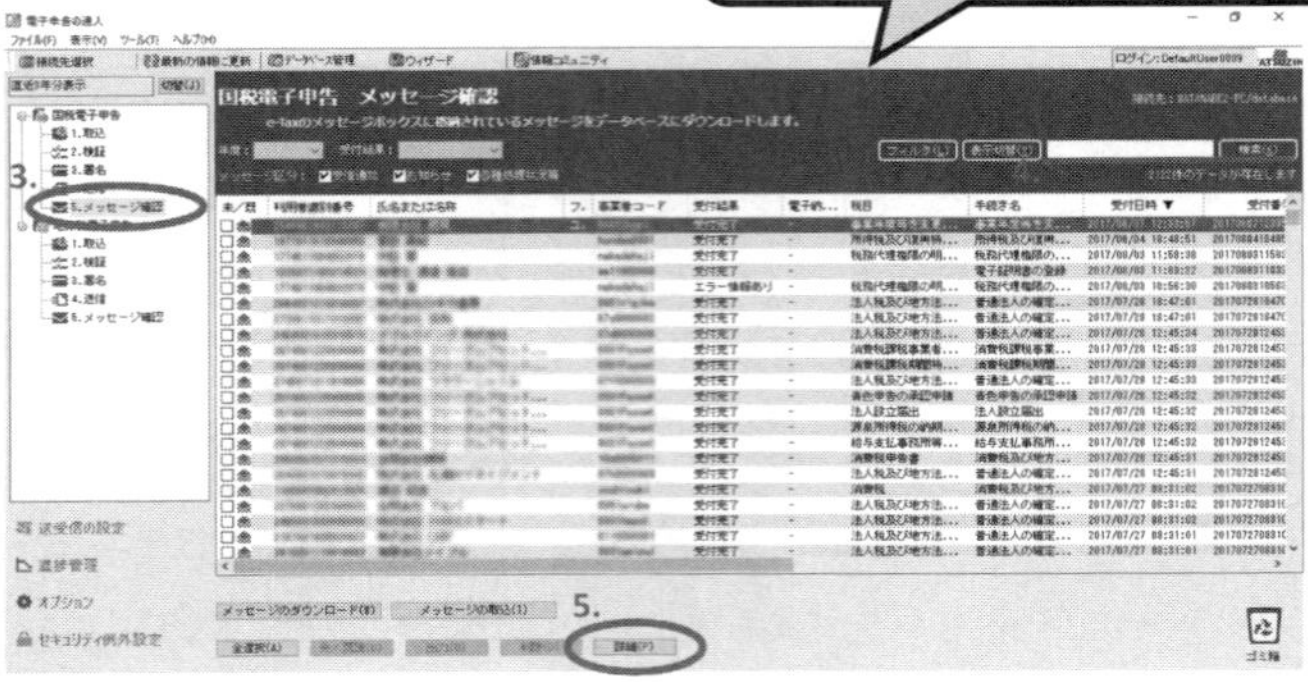

2017/8/21	05.法人申告6-1	46

仕訳のツールを徹底する

(1) 仕訳レベルでルール化する方法

ルール化を進める上で、第一に必要なことは仕訳のルールの徹底です。仕訳のルールとして、次のような例が挙げられます。

① 取引内容による科目の統一
② 取引先による科目の統一
③ 日付による仕訳のパターン化
④ 例外的な取引のルール化

不動産賃貸業の場合は、収入は月に一度の家賃収入のみであり、支出も大きなものとしては借入金の返済・固定資産税・管理会社への管理費・修繕費程度ですので、非常にルール化しやすい業種といえます。ターゲット顧客を絞り、サービスの内容を明確化することで、定型化することが可能になるのです。

また、税務会計の未経験者でもＹＥＳかＮＯかで判断できるまで単純化するには、必ずしも正規の会計ルールにとらわれないことが必要な場合もあります。

【科目のルール例】

・租税公課：印紙代　固定資産税　事業税　消費税
・損害保険料：火災保険料　地震保険料
・修繕費：退室に伴う原状回復費　外壁塗装工事
・消耗品費：事務用品　備品（10万円未満のもの）
・借入金利子：金融機関からの借入金の利息
・外注管理費：管理会社への管理手数料　清掃費　維持管理費　仲介手数料
・旅費交通費：電車代　バス代　タクシー代　航空券代
・水道光熱費：水道代　電気代　ガス代
・通信費：切手代　電話代　宅配便　インターネット　ケーブルテレビ
・支払手数料：税理士・司法書士報酬　振込手数料
・接待交際費：贈答品代　打合せ食事代　慶弔費

・広告宣伝費：入居時の広告費
・車両費：ガソリン代　駐車料金　車検費用

【入力のルール例】
○売上
（科目作成）
・物件名の家賃収入の科目は「物件名」ごとに作成する。
駐車場収入がある場合は「物件名　駐車場」のように別に勘定科目を作成する。
・礼金（物件ごとでなくてもよいが、多い場合は物件ごとに勘定科目を作成）
・更新料（物件ごとでなくてもよいが、多い場合は物件ごとに勘定科目を作成）
（補助科目）
・物件名の家賃収入の科目は「物件の部屋番号」ごとに補助科目を作成する。
・礼金、更新料などは物件名ごとに補助科目を作成する。

(2) 仕訳のルール化の目的

仕訳のルール化の目的としては、入力を効率化することと、チェックを効率化することがあります。

例えば、補助科目の設定方法です。借入金と支払利息の補助科目に金融機関名と返済額等を設定するだけで、摘要の入力が不要になります。

家賃収入の場合は、部屋番号ごとに補助科目を設定しておけば、何月分の入金かを入力すれば足ります。

また、チェックのための補助科目の設定方法としては、

① 定額の支払いの場合：金額
② 源泉所得税などの預り金：集計期間ごと
③ 取引先ごと
④ 不動産の場合は部屋ごと

など設定しておけば、チェックが効率化できます。

(3) お客様にもルールの運用をお願いする

仕訳ルールは、事務所内だけでなくお客様にも運用をお願いする場合があります。お客

様が自計化されている場合は、自計化マニュアルをお渡しして、事務所内と同じルールで入力していただくようにします。これによって、事務所でのチェックが効率化されます。

その際に大事なことは、品質を維持してコンサルティングに資するためのルールであることを、お客様に説明し理解していただくことです。ただし、この場合の品質とは会計事務所の自己満足ではなく、お客様が求める品質でなくてはなりません。したがって、完璧なものである必要はなく、お客様の経営判断に資するものであれば良いということになります。

事務所の生産性とお客様満足度・信頼度を両立させるためにも、このことは頭に入れておいてください。

「複雑な資料は、色別のクリアファイルで分類する」

(1) 資料管理のルールは必須

会計事務所が頭を悩ませることの1つに、お客様から預かった資料を限られた事務所スペース内でいかに保管し、処理しやすいように整理することがあります。

まず、資料の預かり期間のルールは必須です。資料をお客様側が保存するのか、事務所側で保存するのかを明確にし、無用なトラブルを防ぐ必要があります。なるべく短い期間を設定し、必要な書類はコピーをとるかスキャンして早急に返却したほうが、お客様満足度も向上しますし事務所内のスペースに困ることもありません。

また、進捗状況の見える化という意味では、未処理・未入力書類と処理済み書類の区別を明確にしておく必要があります。その際、未処理・未入力の理由ごとに区別しておくと、チェックの手間を省くことができます。

(2) 資料の整理はシンプルに

お客様もどうすれば良いのか分からないまま、整理されていない資料が送られてくることが多いように思います。それを解決する方法の1つとして、

① 現金決済
② 口座決済
③ 法人カード決済（個人名義のカード決済分は、①に含める）

の3つにグループ分けることをお願いするだけでも随分助かります。できれば、できる限り時系列順にまとめていただくと、さらにチェックがしやすくなります。

このような、お客様に負担があまりかからない程度の資料整理でも、作業効率はかなり上がるはずです。

(3) 当社の例：色別のクリアファイルによる分類

色別のファイルに指定された資料を
入れてもらうようにしています。

最後に、私の事務所の例を紹介します。

お客様には３ヶ月に一度、資料の種類ごとに色分けされたクリアファイルをお送りし、家賃明細や領収書などを入れて返送していただきます。

これにより、入力の前提としての資料の分類が効率化されました。併せて、必要経費の一覧表もお送りすることで、お客様が領収書を前にして経費になるか否かで悩むこともなくなり、書類の不足も減らすことができました。

色別ファイルに入れる資料の詳しい内容を説明して、
どんな資料が必要かを明確にしています。

預金通帳のコピー
→カラフルファイル「預金通帳のコピー」に入れる

◎家賃収入の入金やローンの返済が記録されている通帳

※通帳の表紙もコピーして下さい
複数の通帳を区別したり、法人税の申告時に内訳書を作成するために、銀行名、支店名、口座番号が必要です

賃料収入
→カラフルファイル「賃料収入」に入れる

◎**【毎月の家賃明細表】**、**【入退去時の精算書】**、自主管理の場合は**【家賃管理表】**

※年間の家賃明細では詳細がわからない場合があるため、入居者別に記載された毎月の家賃明細を入れて下さい
滞納分を未収金として計上する際などに使用します

その他の収入
→カラフルファイル「その他の収入」に入れる

◎**【自動販売機収入】**、**【太陽光発電】**、**【電柱使用料】** などの明細

物件の売買
→カラフルファイル「特殊なもの」に入れる

◎**物件購入資料**

・売買契約書　・請負契約書(工事内容がわかる見積書)　・決済時の領収書、精算書　・登記事項証明書（謄本）

※契約書に土地と建物の金額が分けて記載されていない場合は、建物の減価償却費を計算するために「固定資産税課税明細書」が必要になります

◎**物件売却資料**

・売買契約書　・決済時の領収書、精算書　・諸費用の領収書　・登記事項証明書（謄本）

※契約書に土地と建物の金額が分けて記載されていない場合は、建物の金額を算出するために「固定資産税課税明細書」が必要になります

◎**車両購入資料**

・購入代金、諸費用の明細書　・ローンまたはリースの支払明細

※中古車の場合、耐用年数を算出するために「車検証」が必要になります

借入金
→カラフルファイル「借入金」に入れる

◎**毎月の返済予定表（返済元本、利息の内訳が記載されているもの）**

※当該年度の支払分が必要になります。
※利息のみが経費になるため、毎月の返済金額だけではなく、元本と利息の内訳が明記された資料をお送り下さい

第8章

業種特化に向けた実践④

未経験者を戦力に変える

【未経験者が戦力に変わる】

(1)「士」でなければならないという呪縛

税理士試験受験者はここ数年、減少の一途を辿っています。35歳以上の受験者は増えているのですが、20歳代の受験者数は減少しています。少子高齢化の時代ですから、当然かもしれません。また、景気が良くなれば少なくなり、景気が悪くなれば増える傾向にあります。

でも、それだけの理由でしょうか。

第1章ではクラウド会計やＡＩに触れましたが、東欧エストニアでは、国家の仕組みとしてブロックチェーンを取り入れています。個人または個人事業者は、基本的に電子マネーで決済し、確定申告時にいくつかの画面を確認するだけで、自動的に電子申告が行われるシステムです。国民の98％以上の人が利用しているようです。

エストニアでは２０２０年までに、海外取引をブロックチェーンに組み込む計画を進めています。法人にも同様のシステムが入りつつあるため、会計士や税理士の数が大幅に減っている、あるいは、ほとんどいなくなったという報道もあります。

世界的に見て税制が複雑と言われている日本ですから、まだ先のことかもしれませんが、先を見据えて今から準備を進めておく必要があるでしょう。

ＡＩやブロックチェーンが導入されてくると、単なる記帳代行や申告書作成を中心とした「士」では「業」としてやっていけない時代になります。

税理士や会計事務所で働いた経験者を採用できない中小の税理士事務所は、どうすれば良いのでしょうか？　そもそも税理士事務所は、税理士ではないと働けないのでしょうか？　税理士や会計事務所で働いた経験者でないとできない仕事なのでしょうか？

業種特化した当事務所に応募者が殺到することはありませんでした。働く側からすると業種特化する事務所は、まだまだ魅力が伝わっていないのかもしれません。人手不足は深刻な問題です。業種特化事務所を経営するにあたり、人材を採用するにはどうすればいいかを考えておく必要があります。

(2) 最初はだれでも未経験者

私も開業当初は、税理士や会計事務所で働いたことのある経験者を求めていました。業務が忙しくて教えている暇がない、即戦力が欲しい。しかし、募集をしても開業したての小さな事務所に応募はありません。運良く経験者を採用しても、大家さん専門ということもあったのでしょう、すぐに業務ができるという方はいませんでした。会計事務所を経験していても、大家さん独特の税務処理については、よく分からないという方ばかりでした。仕方なく、一から教えても「合わない」と感じたのか、数ヶ月で退職する人もいました。そして、また一から採用して、教育をする。そんなことを繰り返しても意味がないと思い、発想を転換しました。「どうせ教えることになるのなら、未経験者に教えても一緒だ」と。

未経験者を採用すると、業務を覚えてもらうのに時間と手間がかかると、難色を示す事務所も多いでしょう。それなら、未経験者が即戦力で仕事ができるようにすればいいのです。未経験者でもすぐに業務ができる「仕組み」をつくることです。そして、教育の時間を確保することです。

私の事務所では、未経験者がマニュアルを活用しながら、多くの仕事をこなしています。マニュアル以外にも、先輩が後輩をフォローする仕組みもあります。

それだけではありません。業務を行う上で必要な知識を補うため、研修や教育にも多くの時間を割いています。「新人研修」「確定申告」「決算申告」「税法について」などの時事に必要な研修に始まり、資格取得を目指す人のために「簿記検定」「FP検定」などの研修を行っています。参加できない人にはDVD研修や教材提供など、勉強しやすい環境をつくっています。

私の日々の業務は、接客、執筆、外部のセミナーなど予定が詰まっています。しかし、スタッフへの研修にも多くの時間を割いています。多い日には、研修で半日以上かかることもよくあります。大変でないと言えば嘘になります。しかし、スタッフのスキルが上がり、資格を取得したと嬉しそうに報告に来る姿に励まされています。そして、スタッフの業務スキルが上がれば、新人教育を任せられるようになるのです。

人が集まらないと嘆いていても始まりません。未経験者でも素質のある人を採用して、足りない知識を補うように教育をすることこそ、人材難に打ち勝つ方法なのです。

(3)「適正」を見て採用する

求人広告でよく目にする語句に「経験者」があります。たいていの場合、税理士試験の科目合格者か記帳代行のための入力経験があるといったところでしょう。

しかし、経験者でも即戦力になるかどうか分かりません。事務所ごとに業務のやり方は異なります。当事務所のやり方に対応できるのか。実際に働かせてみないと分かりません。そのような運任せのような「経験者のみ」ではなく、間口を広げて「未経験者可」という視点で求人をしてみると、良い人材は多くいるものです。

実際に、未経験者や異業種から転職してきた人が、早く仕事を覚えていると感じることはありませんか？　そういう人には適性があるのです。

私の事務所には経験者もいますが、ほとんどのスタッフが未経験者です。宅建資格取得者、ＦＰ資格取得者、またそれらの資格取得を目指している人、ほかにも不動産に興味がある人、社労士を目指している人など多様です。過去のキャリアも様々ですが、現在「不動産」「税務」「ファイナンス」「大家さん」といった分野の勉強をしている人が多く、〝大家さん専門の税理士事務所〟で働く適性があると判断しています。

どのような使命感をもって働くのかを考えたときに、私の理念や考えに共鳴できる仲間が多くいることが大切だと考えています。この想いは所内だけにとどまらず、一緒に仕事を進めていく関連業者の方々に対しても同じように考えています。

経験者ということよりも、事務所の経営方針に沿った想いを持てる人であるかどうかの適性を見て採用することのほうが重要です。

私は、経験者より、「お客様のことを思いやることができる人」「お客様の先々の利益を考えられる人」「お客様に寄り添いながら、真摯に問題解決に当たることができる人」、そういう素質を持っていることに重きを置いています。そういう人と一緒に仕事をしていきたいのです。そういう人のほうが、将来的に事務所の戦力になってくれるのです。

採用難にどう打ち勝つか

（１）「丁稚奉公」という悪しき習慣

この業界には「丁稚奉公」という概念が根強くあります。税理士になるまでは、試験勉強をしながら仕事を覚えさせてもらう、修行をさせてもらうということで、安い給料で税理士事務所に勤めるのです。しかし、仕事をしながら資格を取るとなると、早い人でも５～６年、通常は８～10年近くかかります。給料が低くても、税理士になるために日夜頑張っている人が多くいました。しかし、諦めて辞めていく人も少なくありませんでした。目の前の業務に追われていては、目標ややりがいが無くなっていくのは当然でしょう。

それでも、「税理士という資格を取れば、安泰の人生が送れる」時代であれば辛くても耐えられたのかもしれません。しかし、税理士の資格があっても競争にさらされて、これまでと同じ業務をやっていたら経営が厳しい時代です。希望が見えない時代になってしまいました。どうせＡＩに取って代わられるなら、別のことで一生懸命やったほうがいいと考えて方向転換することは決して責められることではありません。

ですから、今までのように「税理士を目指している受験生」が税理士事務所で何年も勤めてくれることに期待できる時代ではありません。

そもそも税理士を目指している受験生が少なくなってきているのです。税理士を目指していなくても税理士事務所に勤められる環境が必要なのです。それを実現するには、やりがいのある仕事、満足できる給与が不可欠です。記帳代行や申告業務をするだけでは、それは達成できません。

経営のアドバイスや提案をしてお客様から喜ばれる。その経験をスタッフがしないと、活き活きと楽しく働ける職場はできません。

(2) 資格の有無は重要ではない

スタッフがやりがいを持てる職場をつくるには、お客様から喜ばれるサービスを提供しなければなりません。以下に「会計事務所の経営白書」のアンケートから、お客様が税理士事務所に対し、何に不満に感じているかを紹介したいと思います。

〈お客様が不満に感じていること〉

「サービス面」

・節税などアドバイスがない。

・連絡がスムーズでない。電話しかない。

・担当者がよく変わる。

・経営者目線でも話ができない。

・担当者の知識が少ない。

「相性面」

・コミュニケーションが取れない。

・相談しても威圧的

・税理士先生の高齢化

・所長が担当してくれるというので契約したが若い人が担当になった。

「料金面」

・急に顧問料を値上げされた。

・顧問料の話以外は連絡もない。
・決算料金が勝手に値上がりし、自動引き落としされた。
・対応が悪く、会うのは年に1度。これでは顧問料に見合わない。

出所：会計事務所の経営白書より一部抜粋

以上のように、お客様の不満は、資格の有る・無しや、過去の経験の有る・無しではなく、大半がサービスやコミュニケーションに関するものです。

確かに、お客様の中には資格の有無を気にされる方もいらっしゃいます。しかし、信頼関係ができれば、ほとんどのお客様は気にされなくなります。税理士事務所が思っているほど、お客様は資格の有無を重要と思っていません。

コミュニケーション能力のある人が、お客様に寄り添いながら接することができれば、不満の大半は解消できます。

(3) 「経験者」という枠を取り払う

「経験者」を募集する場合、「教えるのが面倒」「何も言わなくても即戦力として、業務を進めて欲しい」「一、二言えば後は理解して欲しい」など、採用する側の都合で採用を決めることがよくあります。

応募者の中には「経験はないけど新しいことに挑戦してみたい」と意欲的な人がいても、募集要項にある「経験者」という一言で、応募を躊躇することになりがちです。もし、「経験者」の文字がなければ、応募者が増えて有能な人材を採用することができたかもしれません。間口を広げ、１人でも多くの有能な人材を採用へとつなげたいものです。

実際に税理士事務所の日常業務は、マニュアルや仕組みがあれば、経験者でなくてもできる業務が80％以上だと思います。むしろ、経験者ではない人のほうが、淡々と作業を進めるように感じています。そもそも経験者ではないと業務ができないというのは思い込みです。

(4) 求人には「情報発信力」が必要

最近は、人手不足や求人難による税理士事務所の倒産や廃業を耳にするようになりました。普通に求人広告を出しても、人が集まる状況ではありません。求人募集を出したけれど、なかなか人が集まらない」とよく耳にします。もちろん、広告の出し方や内容を吟味すれば、改善の余地はあるでしょう。

しかし、ホームページを開設していない税理士事務所が３～４割もあると言われています。開設していても、更新されていないホームページが多く見受けられます。

ホームページは、求人にとっても重要なツールです。

当事務所では、採用専用のホームページがあります。さらに、様々なツールやＳＮＳを活用して情報配信をしています。そういうフックからホームページに辿り着き、当事務所の方針に共感して応募して来られる方もいらっしゃいます。

それでも、業種特化をしていると、なかなか応募が来なかったりします。もっともっと情報発信しなければということで、私がとった戦略は、「出版する」ということでした。リクルート目的で『「税理士」不要時代』（幻冬舎メディアコンサルティング）という本を出版しました。

従来通りの記帳代行業務や申告書作成業務をしていては、生き残っていけない。生き残るためには、業種特化して、経営コンサルティングを行う必要があると書きました。さらに、私がどういう想いで税理士業務をとらえているか、お客様とどう向き合っていくべきかをふんだんに盛り込みました。すると思惑通りに、本を読んで当事務所で働きたいという人が応募してくれて、今では戦力として働いています。

事務所の魅力、所長の想いが伝われば、応募してくれるのだなと痛感しました。

「未経験者をどう教育するか」

未経験者を採用できたとして、教育が大事になります。しかし、教える時間が取れない中で、どのように教育して業務をこなす力を身につけさせればいいのでしょうか。

(1) MUJIGRAMからヒントを得たマニュアル作り

製造業やサービス業には、マニュアルを活用している企業が多くあります。税理士業界でも独自にマニュアルを作っている事務所もありますが、たいていの事務所はマニュアルはありません。先輩が後輩を教え、そのための時間や手間が取られ、自分の仕事が後回しになっていることが多いのではないでしょうか。もしくは、個人事業者の集団のようなケースも見受けられます。

マニュアルがない理由として、作成する時間がない、ケースバイケースの案件が多いのでマニュアル化できないということが言われます。さらには、マニュアル事態を「悪」と捉えている人もいます。「マニュアルに従った対応しかできない〝マニュアル人間〟」なんていう言葉もあるくらいです。マニュアルに頼ると臨機応変な対応ができず、機械的な対応になってしまうということを懸念しているのでしょう。

私は、無印良品をV字回復させた松井忠三さんの書籍『無印良品は、仕組みが9割』（角川書店）を読んで、マニュアルに対する考え方が180度変わりました。無印良品では、MUJIGRAMというマニュアルが徹底されています。

「マニュアルを作れる人間になれ」

と松井氏は言います。マニュアルを作ることで、業務を理解し改善できるのだというのです。

(2) 当事務所のマニュアル作り

当事務所では、マニュアル作りをすべてスタッフに任せました。どのような業務があり、どんなマニュアルを作ればよいかを考え、自分たちで作るように指示しただけです。

作成にあたって、スタッフ全員の業務のアウトプットから始めました。

まず、チームを作り、テーマを決めて、業務を切り分けて、流れを組み立て直し、それぞれの項目に手順を書き込んでいきました。複雑な工程は作業内容を切り分けて、誰でもが分かるところまで分解しました。間違いやすい点には注意事項を付記し、全体の流れが分かりにくい業務にはフローチャートで説明を加えるように、スタッフ自らが工夫しました。

特に重要視したのが、MUJIGRAMと同じように、「業務の目的・趣旨」を明確にすることです。業務の目的・趣旨が分からずに業務はできないし、業務改善もできるわけがありません。それぞれに「何（目的）」「なぜ（必要性）」「いつ（時期）」を記載し、何のために、いつまでに必要なものなのかを説明するようにしています。

その想いが伝わったのか、忙しい業務のなかでスタッフが一生懸命に作ってくれて、一連のマニュアルが出来上がりました。サンプルは、１５０頁に掲載しています。

（マニュアル名は、MUJIGRAMをもじって、KOJIGRAMとスタッフが命名しました。私の「こうじ」という名前を入れてくれたようです。）

このマニュアルは、スタッフ教育に大いに役立っています。以前は未経験者を教える際に、経験者がつきっきりで教えていたのですが、現在は、まずマニュアルを見て、分からないところを経験者に聞くという流れができました。

結果的に、業務の7～8割はマニュアル化ができたと思います。業種特化していたからこそ業務が定型化でき、マニュアルも作りやすかった点も多いにあります。

(3)「お客様手引き」の配付

当事務所では、顧問契約をいただいたお客様には、最初に「お客様手引き」をお配りしています。そこには、「1年の流れ」「資料送付から申告までの流れ」「資料をお送りいただく際の注意点」「お客様へのお願い（決算時、年末調整時など）」「FAQ（主に経費について、よく問い合わせがある内容のまとめ）」「税務署からの書類について」「年間スケジュール」などの内容を盛り込んでいます。

税務のことや1年間の流れに詳しいお客様もいらっしゃいますが、大半は「何をすればいいのか」「領収書などの資料はいつ送ればいいのか」「決算は何を準備すればいいのか」「確定申告には何が必要か」など、不安をもっておられます。

問い合わせてくださる方には返答できますが、問い合わせがない場合は、申告ギリギリに資料が届くケースも出てきます。そこで、年間スケジュールや情報をお客様と共有するために、ガイドラインを配布することにしたのです。

同時に、未経験のスタッフでも1年間の業務が何か、どのタイミングでどんな業務をするのかが分かるものになっています。

お客様もスタッフも、税理士事務所がどんなことをしているのかを共有することで、コミュニケーションが図られるようになっています。

【お客様手引きの例】

［1］ごあいさつ

この度は、税理士・司法書士　渡邊浩滋総合事務所と顧問契約を締結していただきまして、誠にありがとうございます。

顧問契約をスタートするにあたり、１年間の税務の流れ、どのようなイベントがあり、どのようなスケジュールがあるのかなどについてご説明させていただきます。


表紙に記載の者がお客様の担当です。日常的な連絡や資料送付は、こちらの担当者あてにお願いいたします。

担当が未定の場合は、決まり次第ご案内いたします。

［2］１年の流れ

添付のスケジュール表をご参照ください。

お客様で準備いただくものと、当事務所で行うことがあります。

［3］資料送付から申告までの流れ

●当事務所に記帳のご依頼をされたお客様

STEP1　お客様から当事務所へ領収書などの資料を送付

当事務所から３か月ごとに「カラフルファイル」（写真）を送付します。
※カラフルファイルとは、同じ種類の資料をファイルごとに分別していただくものになります。

お客様のご負担にならないように、ファイルに入れていただくだけでよいものとなっております。
領収書などは、紙に貼っていただく必要はございません。

↑カラフルファイル

（4）業種特化すれば未経験者が活躍できる

私は、税理士が求められていることが申告書の作成だとは思っていません。ただし、申告書の作成を軽視しているわけではありません。

申告書の先にある経営のコンサルティングこそ、お客様が求めているのだと思っているのです。申告書の作成はその過程にすぎず、いかに早く効率よく作成するかを重視しています。

多くの税理士事務所では、申告書はキャリアのある人が作成することが多いのではないでしょうか。しかし、申告書は必要な数字を会計ソフトに転記・入力していくだけの作業が多いので、分かりやすいマニュアルがあれば入所間もない職員でも、それを見ながら仕上げていくことは可能です。

この考え方は、会計事務所に勤めたことのある経験者には伝わりにくい部分かもしれません。申告書はベテランでないと作れないという固定観念があるからです。しかし、未経験者であれば、「申告書は誰でも作れる」という考えを、最初から教育できます。私が未経験者を積極的に採用しているのも、会計事務所の固定観念が無いからかもしれません。

業務がマニュアル化、定型化できると、入社して間もない未経験者でも申告書の作成ができてしまいます。当事務所では入社して２ヶ月目で申告書を作成させています。もちろんチェック体制はしっかりやっています。

誤解がないように申し上げれば、私は会計の入力状況から申告書まですべてチェックしています。チェックできる仕組みをつくっているからです。チェックしやすいように会計の入力方法、申告書の作成方法、すべて定型化しているからこそできることです。

これも業種を「大家さん」に絞っているからできることです。

業種特化すると、業務を定型化したりノウハウを共有できるので、未経験者でも対応できる業務になるのです。

批判を覚悟で申し上げると「業種特化しないから経験者を採用するしかない」という構図になっているのではないでしょうか。

まとめ

○採用には「経験」の要・不要でなく「適性」が大事である。

○マニュアル化で未経験でも業務ができる仕組みがつくれる。

○業種特化こそ未経験者が活躍できる職場がつくれる。

第9章

業種特化に向けた実践⑤

蓄積したノウハウを活用する

事例を多く集めることが業種特化の近道

業種特化していない税理士先生から、次のようなことを言われることがあります。

「賃貸経営の経験があったから業種特化できたのでしょう」

「経験がない人は業種特化できないよ」

確かに経験があるとないとでは大きな違いです。しかし「それは裏付けされた自信」があるかないかの違いという意味だけだと、私は考えています。

考えてみて欲しいのです。最初から、多くの賃貸経営者に自信をもってアドバイスできると思いますか？

できるわけがありません。人それぞれ抱えている問題が違い、私1人だけの経験だけではどうにもなりません。どうしたらお客様が抱える問題解決のための糸口を見つけてあげられるか。多くの事例にぶち当たり、地道にコツコツ事例を集めていくしかないのです。

専門特化することのメリットはそこにあります。やり続ければやり続けるほど同じ業種の事例が集まります。これを纏めあげれば立派なノウハウになります。それは、事実に裏付けされたノウハウです。

第７章で検討した定型化・マニュアル化は、最低限の業務ができるようにするため、統一の品質を保つために過ぎません。付加価値の高い業務もノウハウとして共有していかないと、お客様の満足度は上がっていきません。

スタッフには進んで知識を身につけてもらいたいのですが、これは一朝一夕にできることではありません。私は毎週メルマガを発行しているのですが、その中に税務のＱ＆Ａコーナーがあります。そこでは、お客様から相談があったことをQuestionとして紹介し、私がAnswerとして回答しています。

当事務所のお客様は大家さんしかいませんので、あるお客様の相談は、別のお客様も相談したいことなのだと考えてメルマガで発信しています。このメルマガを始めて４年近くなるのでＱ＆Ａがかなりの量になり、それをマニュアル化しました。お客様から相談事があったり、スタッフが困ったりしたときに、事例や回答を見れば、ある程度の段階までは自分で解決ができたり、解決のヒントが探せたりできるようになっています。今では、スタッフは辞書のように活用しています。３００頁ほどのボリュームがありますので、パソコンで検索できるようにスタッフが工夫してくれています。これも業種特化の賜物です。

開業当初は、ノウハウがそれほどなくても、日々の業務を記録しておくことで立派なノウハウになります。継続することが大きな成果に繋がります。もちろん今も、メルマガは継続していますので、このマニュアルもアップデートされていっています。

参考までに、メルマガの内容を一部公開します。

＊　＊　＊

(Q1) 海外送金の支払調書

海外取引をすると、税務署に情報が回ると聞きました。

どのように情報が回るのでしょうか?

(A1)

日本の銀行から海外への送金、海外から日本の銀行への送金（受金）については、100万円を超えるものについて、金融機関から税務署へ支払調書が提出されることになっています。

平成21年3月31日までは、200万円超が対象でしたが、平成21年4月1日以後の国外送金からは、100万円超を対象にすることになっています。

この支払調書に記載される内容は、次のようなものです。

・送金者の住所及び氏名
・受領者の氏名
・送金者又は受領者のマイナンバー

・預金の種類及び番号
・送金額
・送金原因

国外送金をする際に、銀行で上記のことを尋ねられますが、曖昧に答えると、税務署からお尋ねの書類が送られてきたり、税務調査の対象になったりする可能性があります。

特に最近は、税務署は国外取引に目を光らせています。

海外取引でも、申告が必要なものはきちんと申告した方がよいでしょう。

（Q２）社宅の駐車場代の負担者
法人化して賃貸経営を行っています。

自宅を社宅としています。

今度駐車場を借りようと思っていますが、この駐車場代は会社負担でも大丈夫でしょうか？

（A２）
会社名義の車を置くための駐車場代は、会社負担でも問題はありません（ただし、社宅近くの駐車場を借りる場合には、社用車を私的に使用しているのではないかと疑われる可能性があるため、その駐車場を借りる理由がないと厳しいと思います)。

個人名義の車を置くための駐車場代は、会社負担にすることはできません。

たとえ会社業務に一部使用していたとしても、駐車場代を会社負担とすることはできません。

平成8年7月5日　国税庁事務連絡
「私有車の駐車場代については、私有車を使用者に賃貸するか否かにかかわらず所有者である使用人自身が負担すべきものであることから、当該費用を使用者が負担している場合には、使用者業務への使用状況いかんにかかわらず給与所得として課税すべきことになります。」

(Q3) 節税をするために経費を多く使った方がよいのか?

昨年は修繕費が多くかかって税金が少なくなりました。

しかし、今年は修繕費が全くかかっていません。

経費がないと税金が多くなってしまうので不安です。

年末にかけて経費を多く使った方が良いのでしょうか?

(A3)

「経費を使えば節税になる」とよく聞きますが、それは本当でしょうか?

経費を増やして赤字にするほど、実際の収益は上がるのでしょうか？

まずは、具体例で考えてみましょう。「収入・支出・税金」だけを使い、経費を増減させて、手残り金額を比較してみます。

■収入1000万円、支出（経費）500万円の場合

収入	1000万円
支出（経費）	500万円
差引	500万円
税金	110万円
手残り	390万円

■収入1000万円、支出（経費）を700万円に増やした場合

収入	1000万円
支出（経費）	700万円
差引	300万円
税金	50万円
手残り	250万円

上記を見ると、経費を増やすことによって税金は１１０万円から50万円と、半額以上の60万円が減額されています。これだけに注目すると、「節税」が大幅にできたように思えます。

では、手残りの金額はどうでしょうか。３９０万円から２５０万円へと、１４０万円も減っています。

経費を増やすことで確かに税金を減らせることがわかりましたが、それ以上に手残りが大幅に減ってしまうことが判明しました。

では、なぜ手残りも減ってしまったのでしょうか。

それは、支出（経費）はお金が１００％出ていきますが、税金は１００％は出ていかないからです。

所得税は5〜45％の間で、段階的に税率が適用されます。

住民税は一律10％です。

所得税・住民税を合わせると、15〜55％の税率で税金を払うことになります。

もし、自分の税率が30％の場合、１００万円を経費で使うと、30万円の税金が減ることになります。

しかし、70万円は実際にお金が出ていっているのです。

つまり、経費を使うことは、節税にはなりますが、「お金を残す」という意味での「本当の節税」にはならないということです。

＊　＊　＊

私ははっきりと断言します。

業種特化は、自分自信の経験だけでできるものではない。業種特化を宣言し、事務所スタッフ一同で経験した事例を多く集めていくことが、業種特化への近道なのだと。

業種特化により税務調査にも強くなる

私は過去に、大家さんの税務調査に立ち会って、税務調査官から次の言葉を言われたことがあります。

「大家さんには、交際費は一切認められていないのですよ」

一瞬、耳を疑った。

「なぜだ?そんなわけない」と、とっさに判断できました。

賃貸経営をどうすれば上手くできるのか。

いい不動産をどうやって見つけられるのか。

金融機関とはどうお付き合いすればよいのか。

こういったノウハウは書籍やインターネットの情報では出回っていません。すべて人から聞く情報でしかなく、大家さん同士の情報交換や業者さんとの情報交換を通じて仕入れるしかありません。

「大家さんとは孤独の存在」だと、私自身の経験から学んだことです。

誰も賃貸経営のことなんて教えてくれない。ともすれば、知識のない大家さんから、どうやって利益をかすめ取ろうかという業者も存在します。大家さんは自分で自分の身を守るほかありません。情報を仕入れることは「たった1つの生命線」といっても過言ではないのです。

それを、たった一言「大家さんには、交際費は認められていない」で片付けられていいのか。私は、半分怒りに任せて、

「その根拠は何ですか？　条文に書いてあるのですか？」

と問い返しました。

調査官は「いいえ、条文には書いてないですが、条文の解釈として、直接関係する経費でないと認められないことになっています」と、いかにも正論らしきものを自信ありげに答えました。

それでも納得のいかない私は、

「それでは個人事業でやっている不動産業者さんはどうなのですか？　直接関係する交際費でないと認められないのですか？」

と喰い下がりました。

少し面食らった感じを見せた調査官は、「不動産業者は交際費として認めています」

理屈が通ってない！。完全に頭に来た私は猛追をかけました。

「不動産業者さんと大家さんでは何が違うのですか？　事業所得と不動産所得ですか？

経費計上の条文には、事業所得と不動産所得の区別なんてしていません」

完全に劣勢に立たされた調査官が、絞り出して言ったことは、「うちの税務署ではそう教えられてきました」。

「理由になってない！」

私は、そこが税務署だということも忘れ、完全に怒鳴っていました。このような調査官とのやりとりは結構あるのです。

大家さん＝不労所得というイメージが強いのか、調査官は経費を認めたがらない傾向にあります。

しかし、大家さんの実態を知っている私からすると、経費が認められないなんてあり得ないと考えています。当然、架空の経費や、家事費を経費計上することはもっての外です。しかし、賃貸経営をするにあたって必要な経費は計上できて当然のはず。そこをはっきりと言えるかどうか。お客様から信頼を得られるポイントは、ここなのです。

もし、私が大家さん専門ではなかったら、調査官から自信満々に「大家さんには、交際費は一切認められない」と言われたら、反論できたでしょうか。

大家さんのイメージで、経費があまりかからなそうという自分勝手な考えで、調査官の言葉を鵜呑みにする可能性だってあり得ました。

お客様の税理士事務所に対する不満の1つに、「税務調査を受けたけれども、顧問税理士が税務署の味方になっていて、何のための顧問税理士か分からない」があります。その税理士さんは、税務署の味方になろうなんて、決して思っていないはずです。ただただ、その業界のことが分からず、税務調査官の言う正論めいたものを鵜呑みにしてしまったのだと思うのです。

客観的に見れば仕方のないことかもしれません。税理士は、すべての業界について精通しているわけでも経験があるわけでもないのです。長く税理士事務所をやっているから会計が分かるということと、業界について精通するということは根本的に違うのです。業界について精通するには、お客様と密な関係を保ち、情報交換することが不可欠です。税務以外の業界のことも分からないといけません。税務調査では、これらが如実に効いてくるのです。

業種特化をすることで、業界に精通することができる。

↓

業界に精通することで、税務調査で調査官の指摘事項に矛盾を感じることができる。

↓

調査官の決めつけたような指摘事項に反論することで、指摘事項を回避することができる。

↓

お客様からの信頼を得ることができる。

業種特化することで結果的に、上記のような業種の様々な特徴やノウハウが蓄積され、それをスタッフ全員が活用することで、お客様から事務所としての信頼を、より集めることにつながるのです。

お客様の成功事例、失敗事例を横展開する

大家さん専門でやっていると、「成功する大家さん」と「失敗する大家さん」の特徴が分かってきます。例えば、成功する大家さんの特徴の１つに、「物件の入れ替えが上手い」ということがあります。

よく不動産投資家さんの中には、物件を購入したら、「手放す気はない。ずっと保有するつもり」という人がいます。ようやく手に入れた物件だから、手放すのは惜しい、さらに手をかけることで愛着も湧いているということはよく理解できます。

そもそも不動産投資、賃貸経営をする目的は利益を追求することです。長く保有することが本当に利益を追求することになるのかを、冷静に判断することが必要です。同じ賃貸物件を長く保有していると、家賃が下がったり、修繕費が多額にかかったりして、利益が薄くなっていく傾向にあります。

その事実から目を背けず、高く売却できるときにさっさと売却する。成功する大家さんは、意識してか感覚か定かではないのですが、これを平気でやってのけるのです。

私は、初心者の不動産投資家さんには、購入した時点から売却のタイミングを考えたほ

うがいいとアドバイスしています。

同じ業種のお客さんばかり扱っていると、成功している人と、そうでない人の違いが分かるようになります。それこそが最大のノウハウであり、自身が経験をしていなくても、経験したと同じ体験（しかも成功体験）が身につけられる宝物です。

私は、成功体験だけでなく失敗体験も、お客様からの情報は積極的に取り入れアドバイスするようにしています。分かりやすい例で言うと、金融機関から借り入れるときの金利です。この人は金利何％で借り入れているのか。これは人それぞれ違います。もちろん物件の規模、借入れの規模、資産背景はもちろん違います。しかし、中には同じ銀行、同じ資産規模にもかかわらず、金利に違いがあることはよくあります。借り入れたタイミングによって金利が違うのです。

金融機関からすれば、貸し出した当時のレートで金利を設定しているのだから問題はないのでしょうが、借りている側としては、現状の相場からすると、ちょっと高いレートだなということがよくあります。そのことをお客様に指摘して、金利交渉を促してあげるのです。

ただ「金利を下げてください」と言っても、金融機関はなかなか応じてくれません。「現状、何％で借りている大家さんが多い」とか、現状の相場からかけ離れていることを数字で示す必要があります。この数字を税理士側で提供してあげればいいのです。業種特化事務所は、根拠となる同業他社の数字の事例を数多く持っているはずです。

実際に金利交渉して上手くいった事例、いかなかった事例を集めていくのです。些細なことでも、こういった成功事例、失敗事例を集めればノウハウになります。

・売上アップ
・経費削減
・金融機関対策

1つひとつの事例を積み上げていけばノウハウが蓄積でき、スタッフやお客様に横展開していくことにより、業務や経営の改善につながります。

まずは事例を集めてみる。業種特化の第一歩は、そこから始まります。

まとめ

○自分自身が経験をしていなくても業種特化は可能である。

○同業種の事例を集めることが付加価値に繋がる。

○業種特化をすることでノウハウを、お客様、スタッフに横展開することが可能となり、業務の効率化を図ることができる。

第10章
業種特化に向けた実践⑥
人を育てるマネジメント

業種特化の事務所をつくっても、所長1人のままでは事業の拡大はできません。そして、拡大をしていかないと業種特化の強みが活かされません。

事業の拡大のためには、人を育てること、つまりマネジメントが大切です。マネジメントなくして組織拡大はあり得ません。

では、マネジメントとはいったい何でしょうか。最近はマネジメントのノウハウ本が多く見られますが、ここでは既存の本にはあまり書かれていない部分を検討したいと思います。

経営理念を浸透させる

(1) 経営理念は誰のためにあるのか

経営理念を掲げている会社は多いと思います。100の会社があれば100通りの経営理念があります。それはどれも「経営者の想い」が込められたものです。

では、経営理念とは誰のためにあるのでしょうか。

お客様に向けたもの？

社長の自己満足？

どれも違います。

経営理念は社員のためにあります。

ビジネスは、常に判断の連続です。しかし、必ずしもはっきりとした正解が無い中で判断し行動しなければなりません。迷いが出たとき、判断や行動の拠り所があるだけで皆が同じ方向を向くことができます。

経営理念とは、会社や社員が最終的に目指すべき方向を示しています。

（2）経営理念は明確な判断基準

経営戦略を策定・決定する経営陣から、お客様と直接対面する現場の社員まで、経営理念という判断基準に沿って行動しています。その結果、全従業員がお客様に、同等のサービスを提供することが可能になり、意思決定や業務遂行における漠然とした不安の払拭にもつながります。

経営理念は明確な判断基準となることから、従業員が自ら考え、行動する機会を促し、自己の成長を実感させることにもなります。その結果、事務所とスタッフの間に信頼関係が構築され、スタッフのモチベーションの維持・向上にもつながります。

「経営理念に立ち返る機会をつくる」

(1) 朝礼・会議を通じて伝える

朝礼や会議は業務連絡のみをする場だと考えている経営者が多くいます。もちろん、今日のスケジュールの確認や議題を掲げて話し合い今後の方針を決めていくことは非常に重要ですが、せっかくスタッフ全員が出席している時間を、それだけに割くのはもったいないと思いませんか?

毎月1回、当月行う申告業務の確認はするが、毎朝の朝礼はやっていない事務所も多いようです。これではスタッフは、会社に来るのは作業をするためだけ、という気持ちに陥ってしまう危険性があります。それでは良い仕事はできません。仕事は何が大事なのか、どういう方向に向かってすべきなのか、常に確認することが必要です。

人間はとかく忘れやすい生き物です。「覚えてください、忘れないでください」と、個人の意識や努力に委ねていては強い組織はつくれません。経営理念に常に立ち返り、思い返すことができる「場所」と「機会」を、経営者がつくることが大切です。

当事務所は、経営理念に立ち返る機会を朝礼に付け加えることにしました。私が事務所で行っている具体的な取り組みをご紹介します。

（2）渡邊浩滋総合事務所の取り組み

朝礼では「オモバカ・スピリッツ」を唱和

接客力というのは、意識はすぐに変えられても、能力としてすぐに備わるものではありません。相応の経験や慣れが必要です。毎日の意識づけと繰り返しの練習が大事です。

私の事務所では、「オモバカ・スピリッツ」と銘打って、以下のような3つの行動指針を設けています。そして、毎週月曜日に唱和するようにしています。

> オモバカ・スピリッツ
>
> 一、言葉にするのを忘れていないか、ありがとう！
>
> 二、聴くことを忘れていないか、素直な耳！
>
> 三、思いやりを忘れていないか、オモバカ！

一、言葉にするのを忘れていないか、ありがとう！

これは、すべてのことに対して感謝を忘れないということです。

当事務所では、「ありがとうございます！」という感謝を言葉にして表に出すことを徹底しています。

お客様からの問い合わせや電話をいただいたら、「ありがとうございます！」

業者さんから資料などを送ってもらったら「ありがとうございます！」

同僚同士でも何かを手伝ってもらったら「ありがとう！」

を、必ず口にするように全員で心がけています。

「ありがとう」という言葉は、漢字で書くと「有り難う」です。有ることが難しい、つまり、「滅多にない」「珍しくて貴重だ」という意味です。だから感謝の気持ちが生まれるのです。「あなたの心遣いを、とても貴重で大切なものだと思っています」という気持ちを伝える「ありがとう」は、誰からでも言ってもらうと嬉しい気持ちになります。そして、また人の役に立とうと思えます。人間関係の潤滑油として、挨拶とともに最も大事な言葉の1つだと思います。

二、聴くことを忘れていないか、素直な耳！

これは、「聴く力」を鍛え、お客様のニーズをくみ取るということです。相手の気持ち、状況を理解しようと目・耳・心を傾けて聴くこと、傾聴の姿勢を大切にしています。

税理士は「伝える力」と「聴く力」が重要だと説明しましたが、「聴く力」はもしかしたら「伝える力」以上に大事です。

独立してから気がついたことですが、圧倒的に「聴く」ことができない人が多いということです。自分のことばかり一方的に話をする。相手の話を最後まで聴かずに、自分の意見を話し始める。他の人が話をしていても、自分の話にもっていってしまう。

税理士でも多いのは、相手の相談内容を最後まで聴かずに、答えようとすることです。私が税理士の仕事で最も気をつけているのは、ミスリードしないことです。こちらで勝手に道筋をつくってしまうと、お客様が本来望むかたちとは違う結果に導いてしまうなど、齟齬が生じてしまう恐れがあります。

お客様が何に困っていて、何を求めているかは、しっかり聴くことでしかキャッチできません。それに、不安や悩み、迷いなどを抱えているときは誰しも同じだと思いますが、話を聴いてもらえるだけで安心します。「ああしろ、こうすべき」と具体的な答えや指南よりも、まずは共感してほしいという気持ちが先なのです。相談できる相手がいて初めて、行動する勇気が出るというものです。ですから、コンサル業の基本において、「ヒアリング」は重要な位置を占めています。

また、学ぶべきことは、耳から入ってくることが多々あります。貴重な意見、斬新なアイディア、ハッとさせられる指摘は、多くは耳から得られる情報です。税理士も広くネットワークを持って、各方面から情報を集めることは必要ですが、人の意見や言葉に素直に耳を傾け、学ぶ姿勢も大事です。

私には、小学生の息子がいます。息子の学校公開で教室にあった標語があったので、自戒の念を込めて紹介します。

聴き方名人になるコツ
あ・・・相手の目を見て
い・・・意味を考えながら
う・・・うなずきながら
え・・・笑顔で
お・・・おわりまで聴く

三、思いやりを忘れていないか、オモバカ！

オモバカというのは、慮る（おもんぱかる）の略語です。「慮る」では堅苦しくて難しそうなので、略してオモバカという言い方にしました。インパクトがあるので覚えてもらいやすく、合言葉のように言いやすいところが自分でも気に入っています。

慮るとは、相手の状況・立場に立って考え行動することです。日頃、相手に喜んでもらうにはどうすればいいかを考えて行動するのが目標で、例えば、相手を気にかける言葉を言えたか、相手の気持ちに寄り添った行動ができたかなどを、社内で常に省みています。

朝礼では、「オモバカ・エピソード」として、オモバカにまつわる報告をみんなで持ち回りで発表しています。

先日社員の女性がこんなことを話してくれました。

高齢の両親の介護をしている子供がテレビの特集で取り上げられたそうです。その子供は毎日の大変な介護を当たり前の日常としてやっていて、それがとても自然だったことに、彼女は感動したと言っていました。

心の底から親を慮り、世話をしている姿にオモバカ精神を見て、「オモバカを実践するということは、こういうことかと気づかされました。オモバカは「特別なことではなくて、日常にあるもの」なのですね」と目を潤ませる彼女を見て、私も含めて社内の全員が胸が熱くなるのを感じました。社員みんなで感動を共有し、オモバカのなんたるかを勉強させてもらった出来事でした。

オモバカ・スピリッツは日々実践していきますが、人間は忘れやすい生き物です。つい、日常の忙しさに紛れて後回しになってしまうこともあります。そのため、毎週月曜の朝礼で繰り返し声に出して読み上げ、意識を高めるようにしているのです。

いわゆる社訓の唱和のようなものですが、当事務所のような小さな税理士事務所でやっているところは珍しいかもしれません。実のところ、私も朝礼での社訓の唱和は何となく洗脳じみたイメージがあって敬遠してきたほうなのですが、ある会計事務所の朝礼を見学に行って、考えが変わりました。

私の事務所では、私自身の勉強として経営コンサルティングの方のアドバイスを受けています。そのコンサルタントから「経営理念や事務所の方針などの社内での共有が重要だ」というお話を何度か聞いていました。小規模の事務所とはいえ、理念や指針となるものがなければ社員はバラバラに動いてしまう。それでは企業としての十分なパワーが発揮できないからというのがその理由でした。

そこで一度、他の会計事務所に見学に行かないかと誘われました。以前の私は、他の事務所にライバル意識も働いていましたし、行くものかとかたくなに思っていたのですが、何度もしつこく誘われるので渋々行ってみました。そこですごい朝礼を見せられ衝撃を受けました。

その朝礼とは、論語を暗記して何も見ずに唱和したり、笑顔体操をしたりなど、本格的な朝礼を30分ほどやるものでした。40人くらいの従業員がいるのですが、そのうち税理士は所長ともう1人だけです。それでも皆一丸となって唱和しているところを見ると、しっかりとした朝礼を行うことで全員が同じ意識の下にまとまることができ、それが大きな力を生んでいるということがよく分かりました。それからは、他の会社がどうやっているかを見て学ぶことも大切で、盗めるところは盗むべきだと思うようになりました。

実際にお客様と接するのは、税理士よりもスタッフのほうが多いので、税理士本人だけでなく、事務所スタッフ全員でサービス業の意識を持つことが大事なのだと、実例をもって教えられました。

さっそく当事務所でも朝礼を始めたところ、思っていたよりも早く効果は表れました。先ほど紹介した「オモバカ・スピリッツ」がシンプルで覚えやすいことも良かったのだと思います。スタッフの間で「ありがとう」などの言葉が増え、コミュニケーションが以前より豊かになりました。その結果、仕事の連携が取りやすくなり、私も仕事がやりやすくなりました。

事務所で重要なのはこういうことだと覚えてもらうには、朝礼はとてもよい場です。経営理念に立ち返り、思い返すことができるように朝礼で唱和することにより、新入社員にも早く身につき、ベテラン社員にも深く心に刻まれます。

(3) 会議では「経営理念」を唱和

会議では経営理念を唱和してから議題に入ることにしています。会議は今後の事務所の方向性を決める重要な場であるため、どのような目的をもって会議に挑むのかを毎回確認しています。

ここでもやはり、何度も繰り返すことで本来の目的を忘れない効果があります。

経営理念
『誠実・思いやり・あきらめない　信頼を得ることが私たちの誇りです』

「誠実」

私たちの行動指針の基礎になります。

誠実とは、嘘をつかず、約束を違わず、全力で真摯に取り組むという意味ですが、当事務所の経営理念の誠実とは、「自分の利益を先に考えないこと」を定義としています。

自分自身の利益を先に考えると、相手のことを考えなくなってしまいます。事務所全体が金儲けばかりに走ってしまいます。

お客様の利益ばかり考えると、お客様のためと思って、お客様の言うことを何でも聞いてしまうことになってしまいます。極端な例では、脱税に加担してしまうことにもなりかねません。「お客様の長期的な利益を考える」ことが我々の使命です。そのためには、時にはお客様に厳しい意見を言ったりします。ダメなものはダメと伝えるのです。

そのような思考となるためには、「自分の利益を先に考えない」ことを徹底させることが大切です。誠実であり続けることが信頼を得ていくことに繋がると考えています。

「思いやり」

先ほど述べたオモバカの本質です。

相手の状況・立場に立って考え行動することです。常に、相手の望んでいること、悩んでいることをどうすれば解決できるかを考え、寄り添い行動するのが目標です。相手にかける言葉1つから、相手の気持ちに寄り添った行動ができたかを常に社内で省みています。

「あきらめない」

どのような厳しい条件・状況でも、お客様の要望に最大限応えるべく、決して投げ出すことをしないことです。

1％の可能性があるのであれば、可能性に向かって全力でやり遂げる。お客様のためにあきらめずに考え抜く姿勢が信頼に繋がっていきます。

「信頼を得ることが私たちの誇りです」

信頼は少しずつの積み重ねでしか得ることができません。そして、1回の不義理ですべてを失ってしまうこともあります。コツコツ信頼を積み上げていくことが最も尊いことであり、我々が目指すところです。

税理士だけでなく事務所のスタッフ全員が、お客様からの信頼を得ることが最も大切なことだと私は考えています。

以上の経営理念を念頭に置いて話し合う会議は、以前に比べて話す内容の質が高くなったように思います。また、会議以外の発表や、オモバカ・エピソードにも、この「誠実・思いやり・あきらめない・信頼」というキーワードで話が展開されていくことが多くなりました。経営理念を心から理解し、実践できているということを感じる今日この頃です。

ちなみに、私が以前に勤めていた税理士事務所では朝礼はなく、みんなが淡々と仕事していました。他の事務所の様子を聞いても、結構殺伐としているところが多いようで、まともに社内コミュニケーションをとることさえないとも聞きます。デスクがパーテーションで区切られていて、自分の仕事に専念できる分、誰ともしゃべらないこともよくあるのです。また、同僚同士でライバル意識もありますし、多かれ少なかれギスギスしてしまいます。自分が大手の会計事務所で働くことに限界を感じた一因も、人間関係の希薄さにありました。

税理士同士に競争させて、1人ひとりが個の力でどれだけ頑張れるかを見る事務所の方針が、私には合いませんでした。私が本来やりたかったコンサルティングの仕事などやる暇はなく、また、そんな内容の仕事も回ってきません。目の前に単純業務を積まれて、それをひたすら消化していく仕事のやり方に疲れてしまったのです。

私はすぐに独立しようと思っていたわけではありませんでした。「こんな仕事のやり方でいいのだろうか」という疑問が日に日に大きくなり、自分の采配で動ける「開業」という道を選択したというのが本音です。

今の事務所はその反動から、正に真逆の業務を行っています。低価格の仕事を数でこなすことは絶対しないと決めています。1人ひとりのお客様に深く関わり、信頼関係の上で成り立つ仕事をしています。信頼を得ることを誇りとして、日々の業務に取り組んでいます。

1人ひとりがお客様・事務所のことを考える

(1) お客様を増やすより、お客様を維持するほうが数倍難しい

ビジネスの基本として、新規の顧客を獲得することは、維持することより何倍も難しく、コストもかかるとよく言われます。確かに、一から営業をしてお客様を獲得することは難しいかもしれません。しかし、私はここ数年でお客様を維持することの難しさを身に染みて感じています。

当事務所では新規顧客への営業活動をほとんどしていません。新規のお客様は、ほぼホームページをご覧になって問い合わせをしてくださるか、ご紹介いただくかのどちらかです。その点では、ビジネスの基本とは真逆を行っている感じもしますが……。

最初は誰でも期待をもって当事務所にいらっしゃいます。その方が依頼してくださり、その期待を裏切らず、期待以上のサービスをしていくことが、お客様満足度を上げていくことにつながると信じています。

(2) 個人の力量に任せない

当事務所も、スタッフがどんどん辞めていった時期がありました。突然辞めるので、全く引き継ぎがなされず、お客様を怒らせてしまい、事務所の信用も落ちかけた時期がありました。

「引き継ぎがなっていない」「○○さんはこれをしてくれた」「△△さんだったらもっとスピーディにしてくれたのに」、たくさんのお声もいただきました。

私1人で全員のお客様を担当できればいいのですが、そうは言っていられません。「個人の力量」に任せすぎていたことを痛感した時でもありました。

そこで、今一度どうしたらサービスの均一化を図ることができるのか、スタッフの皆も巻き込んで考えることにしました。業務の統一化を図るマニュアル作り、情報の共有のために作るカルテ、みんなで知恵を出し合い、1つひとつ形にしていきました。

先に紹介した「お客様の手引き」は、お客様から「こんなに手厚くしてもらう税理士事務所は初めてだ」とのお褒めの言葉もいただきました。

では、そのアイディアがなぜ出てきたのでしょうか。それはスタッフ全員が「オモバカ・スピリッツ」を大切にし、経営理念を軸として話し合えたからに外なりません。

(3) スタッフが自ら判断できるマネジメント

誰が担当しても、当事務所は同じサービスの提供ができます。

そのためには、スタッフ1人ひとりが共通の判断基準をもって行動することが重要です。マニュアルを作ることも必要ですが、マニュアルに書かれていること以外の事態が起こり、私の判断を聞ける状況にないときは、従業員の判断に任せるしかありません。その判断の基準こそ「経営理念」であり、「オモバカ・スピリッツ」なのです。判断の拠り所となる経営理念、行動指針が真から理解できていることで、究極の「サービスの均一化」を実現できるのです。

朝礼で「お客様の満足について」という題で、毎週1人発表をする機会を設けたことがあります。そこにはスタッフそれぞれ、経営理念の思いがよく出ていました。スタッフそれぞれが「お客様のために」を考えた結果、経営理念にたどり着いていると確信しました。それは私にとってこの上ない喜びであり、今後もこの経営理念の共有を続けていかなければと心に誓っています。

組織を拡大し売上が上がる事務所をつくっても、それを維持・継続できなければ意味がありません。スタッフ全員が経営理念、行動指針を共有し1人ひとりが自ら判断できるようにマネジメントすることが大事です。

まとめ

○何を大切にしている事務所なのか、何を目指しているのか経営理念で明確にする。

○経営理念は浸透させないと意味がない。朝礼や会議を通じて繰り返し浸透させる。

○スタッフ1人ひとりが経営理念・行動指針をもって判断できるようにすることが、マネジメント業務である。

第11章
業種特化の先にあるもの
フランチャイズ展開

業種特化の地方展開

(1) 改めて、税理士事務所は業種特化すべきである

これまで、業種特化の優位性、そして業種特化に向けた実践について検討してきました。改めて、私は税理士事務所は業種特化してくべきと強く思います。

一昔前の税理士像では、「決算書が作成できる。確定申告が作成できる」ことが職人技とされてきました。現在は、そのような作業は、会計ソフトやクラウド会計、ＡＩが取って代わろうとしています。

「まだまだ記帳代行のニーズはある」

「税制が複雑になる傾向があるから税理士は必ず必要だ」

確かに一理あります。しかし、10年先、20年先を見たとき、「税理士としての業務は……」なんて言っていられるのでしょうか。もっともらしい税理士必要論に踊らされ従来の考えにしがみつき、環境の変化に目をつぶる税理士が、本当に生き残れるのでしょうか。

私は、税理士が生き残る道は、業種特化しかないと確信しています。決めた業種の事例を多く集め、裏付けされた自信をもっていちはやく業種特有の経営をアドバイスできる力をつけるべきです。なぜなら、それが本当に、お客様から求められていることだからです。

私は、大家さん向けのセミナーで、北海道から九州まで、各地の大家さんの前でお話させていただいています。そこで感じることは、「業種特化した税理士」が必要とされていることです。はっきり言って、地方の大家さんのほうが、都心の大家さんよりもセミナーを真剣に聞いてくださいます。地方の大家さんのほうが賃貸経営が厳しいからに外なりません。

都心へ流出することによる人口減少に加え、都心に比べ圧倒的に情報量が少ないのです。ましてや、私のように業種特化している税理士なんて、ほぼ皆無でしょう。

私がセミナーをすると、参加者の大家さんたちは、「待ってました」というキラキラした目で、一言も漏らさないぞという姿勢で臨まれます。セミナーが終わると、行列になって質問に来られます。

決まって言われることは、

「うちの顧問税理士は、大家さんの立場でアドバイスしてくれない。先生みたいな人が身近にいれば、相談しやすいのだけれど」

私自身とても歯がゆい思いをしています。大家さん専門税理士と名乗っていながら、私を必要とする大家さんにサービスを届けられていない。同時に、この地で自分が開業したらビジネスとしても上手くいくのではないかという淡い期待も沸いてきます。

そのような状況から私は、業種特化の需要は、地方であればあるほどあるのではないかと思うようになりました。

（2）業種特化は地方展開できるのか？

そんなに需要があるならと、事務所の拡大を考えるのが自然でしょう。

正直に話します。私が大家さん専門税理士事務所を立ち上げようとしたときは、「こんなニッチな税理士が事業を拡大できるはずはない」と勝手に決めつけていました。私と家族が食べていければいいと、1人で事務所を切り盛りしていく覚悟をしたのです。

ところが、いざ開業してみると、その需要の多さに自分自身が驚きました。依頼が絶えない。セミナーをすればするほど、大家さんからの問い合わせが増えていきました。地方でセミナーをすれば、地方の大家さんからの問い合わせが多数きます。

どうやって地方の大家さんの対応をすればいいのか？

私の事務所は、当初から来所型の事務所です。賃貸経営は、毎月業績が大きく変動するわけではなく、短期でのアドバイスはそれほど必要ありません。ですから、往訪するとその分コストがかかり、高い顧問料をいただくことになります。すると、大家さんからは、費用を抑えるために、確定申告だけやってもらえないかという依頼になってしまいます。それでは、税理士事務所としての適切なアドバイスができなくなるという、負のスパイラルに陥ると思ったのです。

地方の大家さんであっても来所型で問題はありません。電話やメールでやり取りしたり、たまに東京で打ち合わせをしたりすれば事足りることが多いからです。ただし、それはフットワークが軽い、若い不動産投資家さんに限定されます。

地主系の大家さんには難しいのではないか。地主系の大家さんが東京まで出てきてくれることは、あまり望めません。金融機関、不動産業者、税理士が、地主さんのご自宅まで足を運んでいるのが実情です。

「今さら、遠くの事務所に来いと言われても……」という感覚なのかもしれません。自分から出向くという文化がないし、それに慣れ切ってしまっているようにも思えます。その文化を壊すには、まだまだ時間がかかるでしょう。

地方の大家さんとは、ある程度の FACE TO FACE のお付き合いが必要なのです。結局、私の事務所を拡大するだけでは難しいという結論に達しました。

次に、支店展開を考えてみました。

まず、支店展開をするには、税理士法人になる必要があります。税理士は、税理士法で

2ヶ所に事務所を持つことが禁じられているからです。税理士法人であれば、支店展開は可能です。しかし、税理士法人になるには、税理士2人以上が条件です。さらに、支店に各1名税理士を置くことが必要です。税理士を採用して、いきなり支店に置くことはいくらなんでも難しいでしょう。業種特化事務所となれば、なおさらです。入所税理士にはまず、業種特化事務所が他の税理士事務所と何が違うのか、お客様である大家さんとどのように接しなければならないか、これを理解してもらわなければ、怖くて支店を任せることなどできません。育てる時間が必要です。

各地に支店を置こうとすると、一体何年かかるのだろう。時間がかかりすぎては、結局、地方の大家さんは救えないと考えました。支店展開も難しいというのが、やはり結論です。

【フランチャイズという道】

(1) フランチャイズだ!

「事務所拡大も難しい、支店展開も時間がかかる……」

ノウハウやブランディングがあるのに事業を拡げられないのか。いや、ノウハウやブランディングがあるなら拡げられる事業方法があるではないか。

そう、「フランチャイズだ!」

フランチャイザーという本部が、フランチャイジーというFC店に、ブランドという看板を貸し与え、マニュアルや仕組みなどのノウハウを提供する。FC店は、時間をかけずにブランドやノウハウが手に入り、フランチャイザーにロイヤリティを支払う。業種特化事務所にピッタリな形態ではないか。

これなら、当事務所が今まで積み上げてきたブランドやノウハウを活用することができます。しかも、同じクオリティの事務所を早期につくることができます。競合が少ない業種特化であればあるほど有効なはずです。

税理士のフランチャイズってあるのか？

成功しているところはあるのか？

税理士がフランチャイズに馴染むのか？

いろいろな疑問が沸きあがってきます。調べてみると、簡単に見つかりました。同じ看板で、同じ料金で統一している。中身を見ると、同じブランドで統一して、大きな事務所に見せて集客するという効果はあるようです。しかし、特別なノウハウがあるようには思えませんでした。業種特化事務所は、このノウハウがしっかりあるところを見せる必要があります。

フランチャイズというより、同じブランドでノウハウ（ソフト）を使うという意味では、ＴＫＣが一番近いかもしれません。ＴＫＣに加盟すると、独立したての税理士さんでも、ＴＫＣのソフトが使用できて、しっかりサポートもしてくれます。ＴＫＣのソフトを使っているということで、顧客からしっかり対応してくれる事務所という見方もされるでしょう。看板や名刺に、ＴＫＣ加盟事務所と書いている事務所を多くみかけます。

ＴＫＣのように、しっかりしたブランド化とノウハウの提供ができれば、業種特化事務所もフランチャイズ展開は可能だと確信したのです。

(2) フランチャイズ展開で乗り越えるべき障害

いざフランチャイズ展開するときに、大きな障害があることに気づきました。

① 集客の問題
② 事務所文化の問題
③ ブランド維持の問題

集客の問題

これはフランチャイズ事務所を各地域に展開するにしても、需要があるのかという問題です。

地域にFC事務所を構えるということは、その地域の顧客だけで成り立つということです。全国各地にある程度お客様になり得る大家さんが存在していることが必要条件です。したがって、特化する業種によっては断念せざるを得ないかもしれません。ただ、現在は全国的に需要がなくても、認知度を高め広めていくことができれば、需要が増加していくことも期待できます。第5章で検討したように、業種自体が草創期なのか成長期にあるのか、あるいは成熟期にあるのかを見極めて判断することが必要でしょう。

この点、〝大家さん〟は、業種自体は成熟期ですが、全国各地に存在しているので十分に需要はあると考えています。ただし、大家さん専門税理士というジャンルの認知度はまだまだ低いので、各地域でブランディングを追求していく必要はあります。

すでに成熟している業種であっても、その業種の専門特化した税理士がいなければ、地域でシェアを取れる可能性はあるのです。

事務所文化の問題

お客様の需要があるだけでFC事務所が成り立つわけではありません。同じ看板を背負うわけですから、経営理念、目指す方向性、お客様への接し方などの統一が必要です。

支店展開であれば、根っこは同じなので、意思統一は比較的容易です。しかし、FC事務所は、全く異なる成り立ちの事務所と意思統一しなければなりません。今まで歩んできた道のりが違う事務所は、文化が違います。それは仕方がないとしても、同じ方向性を目指せるかどうか。これは非常に重要です。

知識や技術は研修によって何とかできます。しかし、「想い」は研修ではなかなか補えないと感じています。ですから、フランチャイズとしてお願いする税理士事務所は、慎重に選ぶ必要があります。ここが、他のフランチャイズとは違うところかもしれません。

ラーメン店やハンバーガーショップのフランチャイズであれば、どこの店舗でも、同じクオリティのラーメンやハンバーガーが出てくることが期待されるでしょう。コンビニのフランチャイズであれば、どこの店舗でも、同じ品揃えの商品があることが期待されるでしょう。

しかし、税理士事務所はというと、同じクオリティの知識は当然のこと、同じお客様対応が求められます。つまり、税理士事務所に期待されるのは、「人」なのです。だからこそ、誰でも、どの事務所でもいいというわけにはいかないのです。

どうやって選べば良いのか、頭を悩ませる問題です。面談、研修、飲み会、どんな方法であれば、想いを共有できるのか。試行錯誤をしながら探していくしかないのだろうと思っています。

ブランド維持の問題

勝算のある業種を選定でき、運よく想いを同じくし、同じ方向性に向かっていけるパートナー税理士事務所が見つかったとして、後は問題が出て来ないのでしょうか。

いえ、同じ看板を掲げる以上は、お客様に対するアウトプットを統一しなければなりません。フランチャイズでやる以上、あっちのＦＣ事務所は良いけれど、こっちのＦＣ事務所はダメということはあってはなりません。

・接客方法
・知識
・判断
・会計入力方法
・顧客への連絡

などなど、できる限り統一すべきです。ここは、業種特化したノウハウが活きる部分です。業種特化に向け実践してきたノウハウを明文化すればいいのです。

税理士業務は、職人仕事と思われがちです。しかし、実際に職人仕事が求められるのは全体の2割くらいでしょう。残り8割は単純作業でありマニュアル化すれば誰でもできる業務です。その8割を明文化しマニュアル化できるかが、フランチャイズの成否を決めるといっても過言ではありません。マクドナルド、セブンイレブン、成功しているフランチャイズは、しっかりとしたマニュアルがあります。

マニュアルに対して、ネガティブなイメージを持つ方も少なくありません。マニュアル対応、マニュアル人間など、自分で何も考えない、臨機応変な対応ができない人を量産してしまうのではないかという懸念です。しかし、マニュアルには、サービスを統一できる、業務を手とり足とり教える手間が省けるというメリットがあります。

税理士事務所は、もっともっと業務をマニュアル化すべきです。なぜなら、マニュアル化することにより効率化できれば、マニュアル化できない2割に集中できるからです。逆に言えば、税理士事務所の多くが単純作業の8割に時間をとられ、いつまでたっても経理作業から抜けられないのです。

そして、もう1つ大事なのは、システム化です。

税理士業務は、入力作業が多い。しかも、同じ入力内容を別々に入力することがよくあります。大家さんの税務処理の例では、確定申告に「収入の内訳書」を決算書に添付します。ここには、入居者さんごとに月額の賃料、年間の賃料合計、礼金や更新料、敷金などの情報を入力します。会計ソフトに入力した内容を、再度、確定申告書作成ソフトにも入力しているのです。二度手間以外の何物でもありません。二度入力しなくても済むように、効率化できるところはどんどんシステム化することが必要です。

当事務所では、大家さんの税務に特化した入力システムを完成させました。システムに1回入力した内容が、会計データにもなり、確定申告の作成データにもなります。さらに、このシステムに入力することで事業計画まで作成できます。

1回の入力で、決算書、確定申告書、顧客提案データに反映できるシステムです。まだまだ改善の必要はありますが、誰でも、大家さんの会計データから業務提案書まで作ることができるようになっています。

フランチャイズを目指すには、このマニュアル化とシステム化が欠かせないと、私は考えています。

まとめ

○業種特化の最終形態はフランチャイズ展開である。
○フランチャイズ展開には、
①集客の問題　②事務所文化の問題　③ブランド維持の問題がある。
○フランチャイズ展開には、業務のマニュアル化とシステム化が欠かせない。

エピローグ
私の挑戦、大家さん専門税理士ネットワーク
“Knees”が描く未来像

ここまで私の経験をもとに、税理士事務所の業種特化の必要性、業種特化のための実践と運営について検討して来ました。

最後に、私がこれからどのような方向に向かっていこうとしているのか、どんな未来を思い描いているのかを述べたいと思います。

大家さん専門税理士ネットワーク〝Knees〟

前章で述べた通り、業種特化事務所が最終的に目指すところは、フランチャイズであると信じています。ずっとフランチャイズをやりたいと思いながら日々業務をやってきました。

そして、２０１８年に、〝大家さん専門税理士ネットワークKnees（ニーズ）〟というフランチャイズ組織を立ち上げました。

Kneesという名前は、大家さんと税理士が膝（Knee）を突き合わせて、一緒になって問題を解決するという意味を込めて名付けました。また、大家さんのために、真摯に向き合う専門家を目指すという志ある税理士をフランチャイズパートナーとして迎えたいという想いも込めています。

フランチャイズ組織としては、まだまだ駆け出しですが、今後、全国にＦＣ事務所を展開していきたいと思っています。

全国には困っておられる大家さんがたくさんいらっしゃいます。少なくとも一都道府県に一大家さん専門税理士事務所があるのが理想です。

Kneesで何を実現したいのか

ＦＣ事務所を全国に広めることで、私は何を実現させたいのか。３段階の構想を考えています。

第1段階　ネットワークづくり
第2段階　ビッグデータの活用
第3段階　プラットホームづくり

第1段階　ネットワークづくり

大家さん専門税理士ネットワークKneesを全国に敷くことによって、大家さんが全国どこにいても、大家さん専門税理士に相談することができる環境を整えます。

地方の大家さんは、賃貸経営に関する情報がなかなか取れないという現状がありました。

これを全国どこでも、賃貸経営の正しい、優良な情報をお届けする。地方でも安心した賃貸経営ができるようにサポートすることを目指しています。

大家さん専門税理士ネットワークKneesは、賃貸経営の変化を事前に予測して、大家さんと対策を一緒に考えます。

賃貸経営は、目先1年、2年で変化することは少ない業種です。しかし、5年先、10年先を見れば、大規模修繕、減価償却費の減少、相続など、大きく変化することが出てきます。目先ではなく長期的な視点で、事業計画という具体的な数字に落とし込み対策を考えていきます。

第2段階　ビッグデータの活用

税理士は、お客様の生の数字を扱っています。日々の経営の数字です。この数字を分析することで、経営に役立てることができるのです。つまり、大家さんのビッグデータを集め活用することを目指しています。

全国的にネットワークができれば、全国各地の大家さんの経営データを集約して分析することができます。

・この地域の空室率はどれくらいなのか
・この大家さんの管理費や修繕費は、全国的に見て高いのか、低いのか
・築年数ごとの利益率はどのくらいなのか

などなど。

これらを活用することで、賃貸経営の改善に役立てることが可能になります。

第3段階　プラットホームづくり

賃貸経営のビックデータを使えば、自分の賃貸経営の改善ポイントが分かってきます。

・周りの地域に比べて、空室率が高いのではないか。
・修繕費が高いのではないか。

問題点が分かっても、解決策を実行しなければ意味がありません。そこで、解決策を実行する業者さんを繋げてあげるのです。問題点が明確に分かっているのですから、後は、解決する業者さんを当て込んであげればいいわけです。もちろん、安かろう悪かろうの業

者さんではダメです。きちんと、ネットワークの理念を理解して、大家さんと一緒に賃貸経営のサービス向上に努めてくれる業者さんである必要があります。このような業者さんは、私の経験上から、1人で探そうとしてもなかなか見つかりません。全国のネットワークを使えば、それが可能になるのです。

大家さんは孤独な存在です。大家さん同士のつながりはあまりなく、管理会社さんなどから業者さんを紹介してもらっていることがほとんどです。しかし、その紹介してもらった業者さんが、高いのか安いのか、大家さんのために考えてくれているのかいないのか、それを知る術がありません。

大家さん税理士ネットワークKneesがハブとなり、大家さんと業者さんを結びつける、そんなプラットホームをつくりたいのです。大家さんがネットワークでつながれば、安心して賃貸経営ができる、そんな世界をつくりたいのです。

目指すは管理戸数ナンバーワン

管理会社の管理戸数ランキングが毎年、全国賃貸住宅新聞から発表されています。トップは毎年管理戸数が右肩上がりで、２０１８年には管理戸数１００万戸を超えたようです。しかし、その実態は、約99％がサブリースでの管理戸数です。トップ10の管理会社が、ほぼサブリースの管理戸数になっています。

私はサブリースが悪いと言っているわけではありません。上手く使えば良い制度だと思っています。しかし、大家さんの大多数がサブリースに頼らないといけないのかという思いもあります。

サブリースは賃貸経営が安定するという面はありますが、賃貸経営の意識が薄れるという側面もあります。

サブリースの家賃が下がったら……

サブリースが解約になったら……

大家さんはこのような事態を想定して、危機感をもって賃貸経営をすべきです。自分で経営をコントロールすべきです。まずは大家さんに、賃貸経営者としての自覚を持っていただく。ここから始めなければなりません。そのためには、大家さんが安心して賃貸経営できる土壌をつくる必要があります。

大家さん専門税理士ネットワークKneesが目指すところは、管理戸数ナンバーワンの税理士事務所です。どのような経営形態でも、私たちのネットワークに参画してもらえれば、経営のサポートができるようにします。大家さんの自立を支援します。

これが実現すれば、よりよい賃貸経営、賃貸市場を実現できるのではないかと、本気で思っています。

税理士事務所を開業して8年目。まだまだ若輩者の私が、税理士の未来を語り、こうあるべきだと論じさせていただきました。

「本当に業種特化型の事務所は成功するのか」

正直申し上げれば、まだ答えは見つかっていません。

これから私自身で証明していこうと思います。

私の挑戦は、まだまだ始まったばかりです。

おわりに

最後までお読みいただき、ありがとうございました。

税理士として、耳の痛い話もあったと思います。

著者である私自身にとっても耳の痛い部分もありました。

しかし、私自身も税理士として気をつけなければならないところを、自戒の念も込めて書きました。皆さまの参考になれれば幸いです。

私は、これからも全国の困っている大家さんを救っていきたいと思っています。そのためには、私1人だけの力ではとうてい難しいと実感しています。

私は、大家さんのために一緒になって問題解決していくと決意した税理士ネットワークをつくりました。〝大家さん専門税理士ネットワーク Knees（ニーズ）〟です。Knees は税理士のフランチャイズ組織です。今後、各地で大家さん専門の税理士パートナーを増やしていき、全国で対応できるようにしていきます。

私は、同じ志をもつ税理士さんを集めています。本気で大家さんを救おうという気持ちがある税理士さんを探しています。税理士でない方、会計事務所未経験者も大歓迎です。

もし共感してくださる方がいましたら、ホームページをご覧ください。私やすでに仲間になっている税理士さんのコラムも連載しています。

大家さんの知恵袋 https://knees-ohya.com/

最後に、本書の執筆にあたり、忙しいなか執筆に協力してくれた当事務所スタッフに本当に感謝しています。

感謝の意を込めてここで紹介します。

【執筆協力者】
・明瀬景子
・衛藤亜希子
・大原詩帆
・駒崎　竜
・野手　猛

そして、いつも支えてくれる家族には、本当に感謝してもしきれません。

子供3人の世話を1人でみてくれている妻、休日にもあまり遊んであげられないにもかかわらず、文句も言わない子供たちの支えがあったからこそ、執筆ができました。

「いつもありがとう!」

著者プロフィール

渡邊 浩滋（わたなべ こうじ）

税理士、司法書士、宅地建物取引士、税理士・司法書士渡邊浩滋総合事務所 代表。1978年、東京都江戸川区生まれ。明治大学法学部卒業。

税理士試験合格後、実家の大家業を引継ぎ、空室対策や経営改善に取り組み、年間手残り▲200万円の赤字経営から1,400万円までのV字回復をさせる。

大家兼業税理士として悩める大家さんの良き相談相手役となるべく、不動産・相続税務専門の税理士法人に勤務。

退職後、2011年12月に同事務所設立、現在に至る。

2018年から大家さん専門税理士ネットワークKnees（ニーズ）を立ち上げ、大家さん専門税理士のフランチャイズ展開を開始。全国の大家さんを救うべく活動中。


【著書】

「税理士大家さん流　キャッシュが激増する無敵の経営・ぱる出版」

「大家さん税理士による　大家さんのための節税の教科書・ぱる出版」

「大家さんのための超簡単青色申告・クリエイティブワークステーション」

他多数。

税理士事務所の業種特化戦略のすべて

発行日　2019年6月15日
著　者　渡邊 浩滋
発行者　橋詰 守
発行所　株式会社 ロギカ書房
〒101-0052
東京都千代田区神田小川町2丁目8番地
進盛ビル303号
Tel　03（5244）5143
Fax　03（5244）5144
http://logicashobo.co.jp/
印刷・製本　モリモト印刷株式会社

定価はカバーに表示してあります。

乱丁・落丁のものはお取り替え致します。


978-4-909090-24-9　C2034